restaurant herz & niere

unser kochbuch

christoph hauser | michael köhle
berlin-kreuzberg

Tre Torri

HERBST

WINTER

VORWORT

Nachhaltigkeit ist ein Schlagwort, das seit geraumer Zeit durch die Presse geht. Ist das in der Gastronomie umsetzbar? Wird nicht gerade dort eine Unmenge verschwendet? Bei Tre Torri sind wir überzeugt: Vor allem in den guten Häusern ist der Umgang mit Lebensmitteln in der Regel sehr bewusst. Wo sonst verwendet man beispielsweise selbst Abschnitte von Gemüse noch für allerfeinste Fonds? Werden Knochen geröstet, um delikate Saucen damit herzustellen?

In ihrem Berliner Restaurant, im herz&niere, mitten in Kreuzberg, verfolgen Christoph Hauser und Michael Köhle dieses Prinzip „Alles-wird-verwertet" besonders konsequent. Vom Obst, das sie sogar selbst sammeln, werden auch die Kerne noch verwendet, etwa indem sie Öl damit aromatisieren. Servieren sie köstliches Gemüse, das in der Regel vom eigenen Acker stammt, kann der Gast sicher sein, dass alles davon verarbeitet wurde. Besonders wichtig aber ist ihnen das Thema Fleisch. Wird ein Tier geschlachtet, gebietet es der respektvolle Umgang, davon auch möglichst alles zu verwerden. Wer „iiiihhh" sagt, wenn es um das Thema Innereien geht, übersieht, dass auch diese ausgesprochen gut schmecken, wenn sie – wie bei Hauser und Köhle – richtig zubereitet werden. Unser Tre Torri Team war deshalb nicht verwundert, als das herz&niere bereits kurz nach der Eröffnung zum Geheimtipp avancierte.

Das Schöne ist zudem, dass es dort weder mit missionarischem Eifer noch mit sturer Verbissenheit zugeht. Mit einem unglaublichen Engagement und einer unbeschreiblichen Freude am Essen und Trinken wird hier gearbeitet. Der Enthusiasmus ist spürbar, wenn man als Gast einkehrt und speist. Nebenbei bemerkt werden ausgesprochen gescheite Weine zu den kulinarischen Genüssen gereicht! Michael Köhle hat schließlich sein Handwerk als Sommelier unter anderem in Häusern wie dem Baiersbronner Bareiss, dem Berliner Vitrum und im Hugos gründlich unter Beweis gestellt. Küchenchef Christoph Hauser wiederum kann auf Stationen wie beispielsweise die Villa Rothschild in Königstein, auf die Rutz Weinbar und das 3 minutes sur mer in Berlin zurückblicken. Warum der Schritt in die Selbstständigkeit für beide der richtige war, zeigen sie nunmehr eindrucksvoll mit ihrem neuen Konzept. Das eigentlich ein altes ist, allerdings zeitgemäß interpretiert – wie dieses Buch eindrücklich beweist.

Viel Freude dabei wünscht

Ihr Tre Torri Verlag

DIE HERZ&NIERE-DEVISE – GANZ ODER GAR NICHT

Es klingt geradezu nach einer Binsenweisheit: Man findet manchmal etwas, das man gar nicht gesucht hat. So jedenfalls ging es uns, als wir auf diesen wunderbaren Mirabellenbaum stießen. Da stand er nun mitten in Berlin, am Rand einer Grünfläche – voller leuchtend gelber, saftiger, zuckersüßer Früchte. Die niemand haben wollte. Außer uns.

270 Kilogramm (in Worten: zweihundertsiebzig!) dieser kleinen, kugeligen Köstlichkeiten haben wir geerntet. Was wir damit gemacht haben? Zunächst gewaschen und entsteint, anschließend 70 Liter Saft ausgepresst und abgefüllt, 15 Flaschen Likör und 120 Liter Essig angesetzt, rund 30 Liter Sonnenblumenöl mit den Kernen aromatisiert und 80 Kilogramm Mirabellenpüree, das beim Saftpressen anfällt, in zig Gläsern Gelee, zahllosen Pralinen, unzähligen Broten und Kuchen sowie reichlich Eis verarbeitet. 2015 ist unser Jahr der Mirabelle!

Dieser Zufallsfund war für uns also tatsächlich ein Glücksfall. Dabei hatten wir eigentlich Ausschau gehalten nach wild wachsenden Äpfeln. Von denen wir im Vorjahr so viele geerntet hatten, dass wir für nahezu zwölf Monate genügend Saft, Essig und eingeweckte Äpfel bevorraten konnten. Michael hatte also wieder einmal recht: „Man sieht nur, wenn man hinschaut." Was klingt wie ein typischer Kalenderspruch, irgendwie angelehnt an Saint Exupérys „Kleinen Prinzen", entspricht allerdings der Wahrheit. Und weil der Satz so zutreffend ist, hängt er bei uns auch an prominenter Stelle im Restaurant. Uns jedenfalls ging es in der Tat so, dass wir vieles übersahen, schlicht nicht wahrnahmen. Einfach, weil wir nicht genau hinguckten (und zum Teil auch nicht so recht eine Ahnung hatten). Als wir dann anfingen, uns mit diversen Produkten – nicht nur vom Tier und vom Acker, auch von Büschen und Bäumen – richtig auseinanderzusetzen, bekamen wir auf einmal einen anderen Blick. Und entdeckten eins nach dem anderen, setzte ein „aha-Effekt" nach dem nächsten ein. Unser gesamtes Team ist ohnehin mittlerweile auf dem Such- und Sammeltrip, aber inzwischen machen uns auch Freunde aufmerksam auf Obstbäume in Schrebergärten, laden uns Bekannte ein, in ihren verwilderten Gärten den Überfluss abzuernten, der nicht in deren Einmachgläser und Kühltruhen passt. So stießen wir auf Maulbeeren, Schlehen und Traubenkirschen, auf Ebereschen, Quitten und Brombeeren, auf Nüsse, wilde Äpfel und Birnen und nicht zu vergessen: die eingangs erwähnten Mirabellen.

Unser Motto im Restaurant ist: Wir behandeln *jedes* Lebensmittel mit Respekt. Das gilt nicht allein für Obst und Gemüse, von dem wir möglichst *alles* in irgendeiner Form verarbeiten, es gilt vor allem fürs Tier. Wenn wir Menschen Fleisch essen, dann sollten wir wenigstens das *ganze* Tier verwenden und nicht die Hälfte davon in den Abfall werfen, etwa weil Innereien als „minderwertig" gelten und beispielsweise ein Rind nicht nur aus Filets, ein Schwein nicht nur aus Koteletts besteht. Den Beweis treten wir täglich an (bis auf montags, denn da haben wir geschlossen). Wir kochen, dünsten, braten und schmoren sozusagen „jenseits vom Filet", obwohl es auch das natürlich bei uns gibt. Unsere Gerichte sind bodenständig, aber raffiniert, aus nicht mehr alltäglichen Zutaten, wie zum Beispiel einem Nierenzapfen. Der lässt sich sogar wie Steak zubereiten, hat aber eine spannendere Geschmackskomponente, wie wir – und unsere Gäste – finden. Oder aber Kalbsmaske, die so viele Varianten der Zubereitung ermöglicht, und immer wieder Nachfragen erzeugt nach einer Art Ochsenmaulsalat im h&n-Style, den wir unter anderem daraus machen.

„Bio" kann, muss aber nicht sein. Schon gar nicht, wenn es sich wie beim Thema Apfel um Importware handelt, weil der heimische ökologische Anbau mengenmäßig die deutsche Nachfrage gar nicht bedienen kann. Uns ist also lieber, wir ernten unser Obst und Gemüse in Berlin und Umland (mit Ausnahme der Müller-Thurgau-Weintrauben, die wir von einer befreundeten Winzerfamilie bekommen), kennen unsere Bauern, bei denen wir unser Fleisch kaufen, den Jäger, der uns mit Wild versorgt und können unserem Fischlieferanten vertrauen. Wenn im Fall wie von Sebastian „Wastl" Meier die Ziegen oder beispielsweise die Müritzlämmer auf einem bio-dynamischen Hof aufwachsen, finden wir das selbstverständlich genauso super. Wichtig ist uns, genau zu wissen, was wir unseren Gästen anbieten.

Setzen wir mit unserer Art von Restaurant einen neuen Trend? Die Antwort ist schlicht und einfach: Das tun wir sicherlich nicht. Wir machen eher das, was man früher tat und landauf, landab gang und gäbe war, nämlich nichts zu verschwenden und Nahrung wert-zuschätzen. Allein das Ergebnis ist bei uns moderner umgesetzt. Saisonales ist angesagt und möglichst Regionales. Wir verwenden alles oder nichts. So servieren wir weder Markenlimonade noch zuckerhaltige Standardgetränke, nur unsere hausgemachten Säfte (und Mineralwasser aus der Preußenquelle). Ist der Apfelsaft aus, gibt es Birnen- oder Traubensaft oder eben das, was noch da ist.

Qualität ist wichtig für uns, mit Quantität wollen wir nicht dienen. Bei all dem gibt es für uns kein Dogma, kein verbissenes Missionie-ren, es geht um Spaß am Essen, darum sich einzulassen, auf etwas, was heute – speziell in Deutschland – nicht mehr oft serviert wird, seien es Kutteln, Bries, Herz oder Nieren. Wir sind kein vegetari-sches Restaurant, bringen aber problemlos mehrgängige Menüs ohne Fleisch auf den Tisch. Es gibt bei uns zwar Austern, aber keinen Hummer (oder Kaviar) und dennoch, auf Vorbestellung ist auch ein Krustentier à la Thermidor kein Problem. Vieles geht also, verschwendet wird in jedem Fall: nichts.

Manchmal werden wir gefragt, wann wir das eigentlich alles machen und wie wir das denn so schaffen – all das Einkochen, Einlegen, Entsaften, Brotbacken – und das neben dem laufenden Restau-rantbetrieb. Ja, es ist Aufwand, und während der Produktionszeit dieses Kochbuchs hatten wir verkratzte Arme, weil Schlehen nun mal spitze Dornen haben und wir aussahen, als hätten wir mit Wildkatzen gekämpft. Aber es macht unglaublich Spaß, nicht zuletzt auch stolz und befriedigt ungemein, ein Grundprodukt vom Anfang bis zum Ende zu verarbeiten. Oder, wie es Vicky ausdrückt (die unermüdlich auf dem Acker zu Gange ist, wenn sie nicht im Restaurant herumwuselt) – den Sommer für den Winter einzufangen. Die Flaschen und Einmachgläser zu sehen und zu wissen: Die Früchte haben wir gepflückt, das Gemüse haben wir selbst gesät und geerntet. Es bereitet uns Freude, damit zu experimentieren, etwas Neues zu entwickeln.

Wir sind ein kleines Stammteam von gerade mal fünf Personen: Michael und Vicky im Service, Jan und Christoph am Herd, nicht zu vergessen Marschall, der den beiden in der Küche den Rücken freihält und unverzichtbar für uns ist. Aber genau das macht uns flexibel und wie wir überzeugt sind, auch kreativ. Wir tauschen uns permanent aus, haben Ideen, verwerfen sie wieder und finden es spannend zu sehen, wie sich alles entwickelt.

Viele, die uns noch nicht kennen, glauben übrigens, wir würden nur auf die „inneren Werte" setzen, obwohl das natürlich so nicht stimmt. Auch wenn selbstverständlich ein Herz-und Nieren-Gericht zum Standardrepertoire gehört, weil es zwischenzeitlich zur Leib- und Magenspeise zahlreicher Gäste avanciert ist. Unsere Speisekarte schreiben wir in der Regel nicht im Voraus. Wir variieren sie, eben je nachdem, was wir anbieten können. Wenn jemand darauf besteht, nur Innereien zu essen – und das kommt durchaus vor –, dann sind wir imstande, ein volles Acht-Gänge-Menü damit zuzubereiten. Allerdings ebenfalls nur, solange der Vorrat reicht. Ansonsten gibt es eine Alternative, die Christoph und Jan auf den Teller zaubern. Ist das schwer? Die beiden verweisen dann auf ein Schild, das in der Küche hängt: Es ist ganz einfach, wenn man's kann …

FRÜH LING

BLÜTEN

Mehr Frühling geht nicht! Wenn im Frühjahr der Holunder, die Kastanien oder der Flieder blühen, sind wir sofort draußen, um die Blüten einzusammeln. Allerdings nur, wenn es nicht geregnet hat, sonst „verwässert" das tolle Aroma. Wir verwenden ausschließlich die Blüten. Die grünen Stiele, auch alle anderen grünen Teile, sind zu bitter für unseren Geschmack.

Michael ist quasi der Experte für all die Sude, Fonds oder Tees, die wir selber machen. Sein Groß-vater hat ihn immer zum Sammeln mitgenommen und ihm gezeigt, was man damit alles anstellen kann. Holunder lässt sich super mit Süßspeisen kombinieren, indem man Sahne oder Eis damit ver-feinert. Die Blüten lassen sich auch ausbacken und dann als leckere Nachspeise genießen.

Wir aromatisieren unter anderem mit den Blütensäften-Auszügen Saucen oder Brühen, um die Intensität des jeweiligen „Hauptproduktes" zu verstärken (zum Beispiel in unserer Austern-Vor-speise) oder aber ihnen damit einen besonderen Kick zu verpassen. Unsere Gäste schätzen unseren HolunderWhite, einen sommerlichen Apéritif, der gern auf der Terrasse getrunken wird. Er besteht aus White Port, knackig trockenem Weißwein, Tonic und unserem Blütenfond, auf Eis serviert und garniert mit Orange und Minze. Schmeckt einfach genial!

Blütenfond, Waldmeisterfond & HolunderWhite

Blütenfond

Für 4 Bügelflaschen à ca. 1 l

ca. 650 g Blüten (z. B. Holunder-, Akazien-, Kastanien- oder Fliederblüten)
1,75 l Weißwein
(alternativ Wasser)
1,75 l Wasser
250 g Zucker
2 Nelken
Zesten von 1 unbeh. Orange
Saft von 2 Zitronen

Blüten säubern, von grünen Teilen sowie Stängeln befreien und in eine große Schüssel geben. Wein und Wasser mit Zucker, Nelken, Orangenzesten und Zitronensaft aufkochen. Den Sud abkühlen lassen und lauwarm über die Blüten gießen. Je nach Blüte und Intensität unter ständigem Rühren ca. 15 – 30 Minuten lang ziehen lassen. Dabei regelmäßig abschmecken. Der Sud sollte nicht bitter werden. Anschließend durch ein Passiertuch abgießen und nahezu randvoll in die sterilen Bügelflaschen füllen und verschließen. Bei 90 °C für ca. 20 Minuten sterilisieren. Dann auskühlen lassen. Der Fond ist mindestens 6 Monate haltbar.

Tipp
Für eine Schorle ein Drittel Blütenfond mit zwei Drittel Sprudelwasser aufgießen. Oder aber für einen sommerlichen Apéritif 4 cl Blütenfond mit 0,1 l Sekt auffüllen.

Waldmeisterfond

Für 4 Bügelflaschen à ca. 1 l
(Standzeit 1 Tag)

650 g Waldmeister
1,75 l Weißwein
(alternativ Wasser)
1,75 l Wasser
250 g Zucker
Saft von 2 Zitronen

Den Waldmeister kurz waschen, gut abtropfen lassen und über Nacht einfrieren. Dadurch wird die Zellstruktur zerstört, und die Aromen werden besser freigesetzt. Den Sud wie beim Blütenfond beschrieben zubereiten, über den tiefgefrorenen Waldmeister gießen, jedoch maximal 10 Minuten ziehen lassen, sonst wird er bitter. Anschließend den Waldmeistersud durch ein Passiertuch abgießen, nahezu randvoll in die sterilen Bügelflaschen füllen und verschließen. Dann bei 90 °C für ca. 20 Minuten sterilisieren. Dann auskühlen lassen. Der Fond ist mindestens 6 Monate haltbar.

Tipp
Diese Methode funktioniert natürlich auch mit anderen Kräutern.

HolunderWhite

Für 1 Glas

2 cl White Port
(z. B. von Grahams)
2 cl Holunderblütenfond
5 cl trockener Weißwein
(z. B. Saugut von der Weinfamilie Fendt)
1 Handvoll Eiswürfel
0,1 l Tonic Water
1 getrocknete Orangenscheibe
1 Minzspitze

Port, Blütenfond und Weißwein auf Eiswürfeln kräftig shaken und in ein Weinglas auf Eiswürfel abseihen. Mit Tonic auffüllen und mit Orangenscheibe sowie Minze garnieren.

Info
Wir sterilisieren unser Eingemachtes überwiegend bei 90 °C in einem Wasserbad im Ofen für ca. 20 Minuten. Es ist jedoch jedem selbst überlassen, welche Einmachmethode er für die beste hält.

ACKERGLÜCK

Regionales und Saisonales zu verarbeiten, ist uns sehr wichtig. Da Gemüse und auch Obst eine große Rolle in unserer Küche spielen, haben wir seinerzeit beschlossen, dieses – zumindest so weit wie möglich – selbst anzubauen. Unser Acker liegt nur zwanzig Autominuten von unserem Restaurant entfernt: in Rudow. Über „unseren" Bauern Werner Mette kamen wir auf die Idee, dort auf einer kleinen Fläche eigenes Obst, Gemüse und selbstverständlich auch Kräuter anzubauen. Ende 2014 wurde es ernst: Wir haben den Acker abgesteckt, selbst von Hand umgegraben, die ersten Topinambur gesetzt und im Frühjahr weiteres Gemüse ausgesät. So wollen wir den ursprünglichen Geschmack der jeweiligen Lebensmittel erfahren. Das funktioniert auch super: Je mehr und je bewusster wir uns damit auseinandersetzen, desto mehr Ideen sprudeln geradezu. So verarbeiten wir zum Beispiel nicht nur die Knollen vom Wurzelgemüse, sondern auch mit wachsender Begeisterung jedes Grün von Bete, Rübchen und Möhren. Es macht uns Spaß, morgens aufzustehen und auf dem Acker zu arbeiten, etwas zu setzen oder auszusäen und es dann zu ernten. Wobei wir ehrlicherweise zugeben müssen, dass Vicky in der Regel diejenige ist, die in der Früh wässert, pflückt und ins Restaurant trägt …

Wir verwenden alles selbst Geerntete ganz frisch, experimentieren aber auch mit verschiedenen Methoden, um es einzulegen. Mit den Würzpasten, die wir ebenfalls selbst herstellen, unterstreichen wir beispielsweise den typischen Geschmack des jeweiligen Gemüses. Die sind übrigens auch super als kleines Mitbringsel für Freunde!

Eingemachtes vom Acker

Salzfond

Für 3 Gläser à 580 ml Inhalt
(Standzeit ca. 14 Tage)

1 l Wasser
100 g Salz
500 g junges Gemüse (z. B. Rote Bete, Radieschen, Frühlings-
zwiebeln, Karotten)

Wasser und Salz aufkochen. Das Gemüse putzen und ggf. klein
schneiden. In die sterilen Gläser verteilen, randvoll mit dem
Salzfond aufgießen und verschließen. Bei 90 °C ca. 20 Minuten sterilisieren. Dann auskühlen lassen. Vor dem Verzehr mindestens
14 Tage ziehen lassen.

Essigfond

Für 6 Gläser à 580 ml Inhalt
(Standzeit ca. 14 Tage)

1 l Wasser
1 l Weißweinessig
100 g Zucker
150 g Salz
5 Schalotten, geviertelt
4 g Fenchelsamen
5 g Anissamen
8 g Senfsamen
4 grüne Pfefferkörner
4 Lorbeerblätter
1 kg junges Gemüse (z. B. Rote Bete, Radieschen, Frühlings-
zwiebeln, Karotten)

Alle aufgeführten Zutaten, bis auf das Gemüse, aufkochen. Das
Gemüse putzen, ggf. klein schneiden und in die sterilen Gläser
verteilen. Randvoll mit dem Essigfond aufgießen und verschließen.
Bei 90 °C ca. 20 Minuten sterilisieren. Dann auskühlen lassen. Vor
dem Verzehr mindestens 14 Tage ziehen lassen.

Würzpaste für Gemüsebrühe

Für ca. 500 g

10 g Zucker
2 Lorbeerblätter
1 Wacholderbeere
5 grüne Pfefferkörner
½ TL Fenchelsamen
100 g Salz
je 100 g geputzte, geschälte Karotte,
Staudensellerie, Petersilienwurzel, Lauch
5 g glatte Petersilienblätter
5 g Knoblauchzehe, geschält

Alle Gewürze in einem Mörser fein zerstoßen, Salz untermischen,
mit dem klein geschnittenen Gemüse, Petersilienblättern und
Knoblauch so lange fein mixen, bis eine geschmeidige Paste entsteht. Diese in kleine Gläser mit Schraubverschluss füllen und im
Kühlschrank aufbewahren. Die Paste ist durch ihren hohen Salz-
gehalt ca. 6 Monate haltbar.

20 g Würzpaste auf 300 ml Wasser geben und einmal aufkochen.
Nach Belieben noch mit frisch gehackten Kräutern verfeinern.
Fertig ist die Gemüsebrühe!

SALAMI

„From nose to tail", also das ganze Tier. Das ist unser herz&niere-Konzept. Wir kaufen fast ausschließlich ganze und halbe Tiere ein und verwerten diese komplett. Natürlich fallen dabei auch Teile und Stücke an, die wir weder schmoren noch braten oder grillen können, aus denen wir aber dennoch etwas machen wollen. Abschnitte und Parüren beispielsweise aus der Rehkeule verarbeiten wir, aufgefüllt mit dem Rehfleisch, dann zu Salami.

Leckere hausgemachte Wurst (oder auch selbst gemachter Schinken, siehe Seite 26) schmeckt einfach so viel besser. Entweder also ran an den Speck und ausprobieren oder aber einen Schlachter seines Vertrauens finden, der gute Qualität verkauft.

Mit unserer Brotzeit wollen wir Appetit machen auf Hausgemachtes. So schwer ist das übrigens gar nicht. Alles, was man dazu braucht, findet sich im Rezept auf der folgenden Seite. Wenn Sie wie wir Wildfleisch nehmen, hat die Salami per se einen sehr intensiven Geschmack und benötigt nur wenige Gewürze, damit das besondere Aroma nicht „übertüncht" wird. Fenchel sorgt für einen Hauch Süße und für besondere Bekömmlichkeit.

In diversen Anleitungen, die es so gibt, wie man Wurst selbst herstellen kann, finden sich häufig Angaben zu „Lufttrocknen" oder „Räuchern". Wir machen das ganz einfach so: nicht entweder/ oder, sondern beides zusammen. Nach der Fertigstellung lassen wir die Wurst kühl trocknen, anschließend räuchern wir sie kalt über Buchenmehl. Danach lassen wir sie weiter trocknen. Und das so lange, bis sie die jeweils gewünschte Festigkeit hat.

Salami vom Maibock

Salami
Für ca. 10 Stück
(Reifezeit 28 Tage plus Räucherzeit)

700 g Rehfleisch aus der Keule, Abschnitte und Parüren
5 g Zucker
25 g Salz
300 g Rückenspeck vom Schwein
4 g grüne Pfefferkörner
4 g Fenchelsamen
4 g Anissamen
1 Pimentkorn
2,5 m Lammsaitlinge (Kaliber 20/22)
Buchen- oder Erlenspäne zum Räuchern

Rehfleisch in grobe Würfel schneiden, Abschnitte und Parüren klein schneiden, alles zuckern und salzen. Dann ca. 15 Minuten marinieren lassen und anschließend durch die feine Scheibe eines Fleischwolfs drehen.

Den Rückenspeck in 0,5 cm große Würfel schneiden und zum Fleisch geben. Gewürze in einem Mörser zerstoßen und kräftig in die Masse einkneten. So lange kneten, bis das Eiweiß aus dem Fleisch austritt. Das merkt man an der Bindung.

Die Lammsaitlinge in warmes Wasser legen; sie werden dadurch dehnbarer. Herausnehmen, leicht aufpusten und die gewürzte Fleischmasse einfüllen. Entweder mit einem Aufsatz für die Küchenmaschine oder mithilfe eines Spritzbeutels. Jeweils ca. 25 cm lange Würste abdrehen. Die Würste zum Trocknen 14 Tage in ein Kühlhaus oder in einen großen Kühlschrank hängen.

Nach den 2 Wochen die Würste über 200 g Buchen- oder Erlenspänen kalt räuchern. Dazu die Würste in einen geeigneten Räucherschrank oder -ofen geben, die Späne entzünden und die Würste im kalten Rauch bei einer Temperatur von ca. 15–25 °C ca. 2 Stunden räuchern.

Anschließend in einem kühlen Keller oder an einem anderen kühlen Ort weitere 14 Tage, je nach gewünschter Festigkeit auch länger, aufhängen und trocknen.

Tipp
Nach Belieben die Räucherspäne noch zusätzlich mit Kirschbaumzweigen, Rosmarin- oder Tannennadeln aromatisieren.

Anrichten
Die Salami in Scheiben schneiden und dazu unseren hausgemachten Kräuterlikör (s. S. 230) genießen.

GEBEIZTER SCHINKEN

Es gibt so typische Kombinationen, die einem einfallen, wenn der Begriff „Schinken" genannt wird. Als da wären: Spargel und Schinken, Brot mit Schinken, Bratkartoffeln und gewürfelter Schinken …

Richtig gut gereiften Schinken zu bekommen, ist allerdings nicht so einfach. Es dauert nämlich Wochen, bis das Fleisch von der Keule so getrocknet ist, dass sich der Schinken auch länger lagern lässt, ohne „dröge" zu werden. Wir machen unseren Schinken natürlich selbst. In diesem Rezept besteht er aus dem Fleisch eines Maibocks aus der Schorfheide, hier aus der Region. Zunächst reiben wir ihn mit einer selbst gemachten Würzmischung ein, die aus Meersalz, braunem Zucker, Nelke, Koriander, grünem Pfeffer, Wacholderbeeren und Lorbeer besteht. Speziell die Exoten Nelke, Koriander und grüner Pfeffer harmonieren sehr gut mit dem heimischen Wacholder und dem Wildfleisch. Der braune Zucker ist hierbei ein natürlicher Geschmacksverstärker. Anschließend lagern wir ihn gut „verpackt" knapp einen Monat lang in der Beize im Kühlhaus. So kann sie nach und nach ins Fleisch einziehen und im Schinken für ganz besondere Geschmacksfacetten sorgen. Anschließend hängen wir ihn dort weitere zwei Wochen auf und lagern ihn dann nochmals kellerkühl. Das machen wir so lange, bis der Schinken die Trockenheit erreicht hat, die wir schätzen und bevorzugen.

Zusammen mit der frischen Sauerampfercreme und den knusprig gerösteten neuen Kartoffeln ergibt das ein gelungenes, sehr bodenständiges Essen. Passend ist der Wildschinken natürlich auch zu Spargel oder zu einer einfachen Brotzeit.

Übrigens, Koriandersamen, die wir in unserer Mischung für die Schinkenbeize verwenden, säen wir auch in Blumenkästen aus. So ernten wir dann nach ein paar Monaten unseren eigenen Koriander. Die feinen Blättchen mit ihrem charakteristischen, leicht zitronigen Duft geben vielen Gerichten, speziell allen asiatisch angehauchten, ein einzigartiges Aroma.

Maibockschinken aus der Keule

Gewürzmischung
Für 1 kg Fleisch
(Reifezeit mind. 6 Wochen)

10 g Koriandersamen
3 Nelken
10 g grüne Pfefferkörner
10 g Wacholderbeeren
2 Knoblauchzehen
20 g brauner Zucker
5 Lorbeerblätter
170 g grobes Meersalz
1 kg Maibockkeule mit Knochen

Koriander, Nelken, Pfeffer und Wacholder kurz in der Pfanne ohne Fettzugabe trocken rösten. Anschließend Knoblauch schälen und mit Gewürzen, Zucker sowie Lorbeer im Mörser zerstoßen und mit dem Meersalz vermischen. Die Keule großzügig mit der Gewürzmischung einreiben und in Frischhaltefolie stramm einwickeln oder in einem passenden Beutel vakuumieren. Dann 4 Wochen im Kühlhaus beizen lassen.

Nach der Beize die Keule abspülen, trocken tupfen und weitere 14 Tage im Kühlhaus zum Trocknen aufhängen. Danach nochmals an einem kühleren Ort, z. B. im Keller, bis zur gewünschten Trockenheit reifen lassen.

Nach der Reifung entweder im Schinkenspanner dünne Scheiben abhobeln oder einzelne Portionen auslösen und mit einem sehr scharfen Messer hauchdünn aufschneiden.

Sauerampfercreme
Für 4 Portionen

1 Bund Sauerampfer
200 g Naturfrischkäse
Salz, Pfeffer aus der Mühle
Abrieb von ½ unbehandelten Zitrone

Den Sauerampfer putzen, waschen, trocken schütteln und grob hacken. Mit dem Frischkäse fein mixen, mit Salz, Pfeffer und Zitronenabrieb abschmecken und bis zum Anrichten kalt stellen.

Anrichten
geröstete Kartoffeln (siehe Tipp)

Die Schinkenscheiben mit der Sauerampfercreme und den Röstkartoffeln anrichten.

Tipp
Für mehr als eine Brotzeit je nach Hunger eine entsprechende Menge kleine Kartoffeln schälen und ca. 10–15 Minuten in ausreichend Salzwasser bissfest kochen. Abkühlen lassen, längs halbieren und in einer Pfanne bei mittlerer Hitze ohne Fett ca. 7 Minuten auf allen Seiten stark rösten.

GEFLÜGELLEBER

Gebraten, gebacken, frittiert, gedünstet, gehackt oder im Ganzen. Leber gibt es in zahlreichen Varianten. Als Ragout, als Beilage zum Salat oder zu Pasta. Vom Rind, vom Kalb oder wie hier vom Geflügel. Vor der Zubereitung muss Leber allerdings immer sorgfältig von Gefäßen und Bindegewebe befreit werden. Wichtig: immer nur kurz garen und erst im Nachhinein salzen, damit sie nicht zäh wird.

Typische Gerichte sind hier in der Hauptstadt Leber Berliner Art (vom Kalb mit gebratenen Apfelscheiben und Zwiebelringen, unverzichtbar dazu: Kartoffelpüree), in Süddeutschland Saure Leber und im Italienischen Fegato alla veneziana. Leber ist zudem Bestandteil von Pasteten, Terrinen, Füllungen, Wurst sowie von Knödeln und Leberspätzle.

Unser Vorschlag: eine Lebercreme mit selbst gemachtem Pastetengewürz. Die Gewürzmischung ist ausgewogen mit Pfeffer, Piment, Muskat, Nelke und Lorbeer. Zusätzliches Aroma geben Majoran, Rosmarin, Salbei und Zimt. Sämtliche Gewürze mörsern wir sehr fein und füllen die Mischung anschließend in ein Glas mit Schraubverschluss. Kühl und trocken gelagert, hält sich das Pastetengewürz einige Monate.

Dazu gibt es hausgemachtes Malzbrot und knackig karamellisierte junge Äpfel. Die leicht süßliche Creme korrespondiert gut mit dem malzigen Brot und den säuerlich-frischen Apfelaromen. Die Lebercreme lässt sich sehr gut vorbereiten und zum Apéritif servieren. Oder aber perfekt an liebe Menschen verschenken, die sonst schon alles haben.

Und noch ein kleiner Tipp: Wenn der Brotteig Zeit hat zu gehen – das können bis zu 72 Stunden sein – dann wird das Malzbrot noch herzhafter und lockerer in der Krume. Übrigens: Richtig gutes Brot kann man bereits am Geruch erkennen, wie uns ein Bäcker mal verraten hat!

Geflügellebercreme & Malzbrot mit Jungäpfeln

Pastetengewürz
Für ca. 30 g

15 g frisch gemahlener Pfeffer
5 g Pimentkörner
2 g frisch geriebene Muskatnuss
2 g gemahlener Zimt
1 Nelke
1 Lorbeerblatt
1 Zweig Majoran, fein gehackt
1 Zweig Rosmarin, fein gehackt
2 Salbeiblätter, fein gehackt

Alle Zutaten in einem Mörser fein zermahlen. In ein Glas mit Schraubverschluss geben und trocken, kühl und dunkel lagern. Das Pastetengewürz hält sich dann etwa 6 Monate.

Lebercreme
Für ca. 700 g

300 g Geflügelleber
50 ml roter Portwein
10 g Salz
7 g selbst gemachtes Pastetengewürz
2 Eier
300 g zimmerwarme Butter

Den Backofen mit einem tiefen Blech mit Wasser gefüllt auf 80 °C Umluft vorheizen.
Die Leber von Sehnen und Silberhäuten befreien und in etwa fingerdicke Würfel schneiden. Portwein in einem kleinen Topf auf die Hälfte einkochen, Salz und Pastetengewürz zugeben und etwas abkühlen lassen. Die gewürfelte Leber mit der Reduktion und den Eiern in einem Mixer zu einer feinen Masse pürieren. Nach und nach die Butter zugeben. Dabei darauf achten, dass sich die Masse nicht trennt. Das fertige Gemisch durch ein feines Sieb streichen. Randvoll in sterile Gläser füllen, verschließen und im Wasserbad im Ofen ca. 40 Minuten garen. Danach langsam auskühlen lassen.

Tipp
Sollte sich die Masse trennen, so kann man sie in einem Wasserbad bei ca. 35 °C unter ständigem Rühren wieder zu einer homogenen Masse zusammenführen.

Malzbrot
Für 2 Brote
(Standzeit mind. 2 Stunden)

300 ml lauwarmes Wasser
20 g Salz
10 g Zucker
50 g Malzpulverextrakt
1 Würfel Hefe (42 g)
1 EL Honig
500 g Weizenmehl
Weizenmehl zum Bearbeiten

Die Zutaten, bis auf das Mehl, mithilfe eines Pürierstabs aufmixen. Das Mehl in die Rührschüssel einer Küchenmaschine geben und mit dem Hefegemisch zu einem glatten Teig verkneten. Dann abgedeckt bei Zimmertemperatur mindestens 2 Stunden gehen lassen, bis sich das Volumen verdoppelt hat. Backofen auf 210 °C Umluft vorheizen. Zwei Brotkastenformen (25 cm) mit Mehl ausstreuen. Eine feuerfeste Schale mit Wasser zusammen mit den Broten in den Ofen geben und ca. 10 Minuten backen. Die Schale mit dem Wasser herausnehmen – Vorsicht: heiß! – und die Temperatur auf 170 °C reduzieren. Die Brote weitere 20 Minuten backen.

Tipp
Um einen noch volleren und intensiveren Geschmack zu erhalten, kann man den Brotteig auch für ca. 48–72 Stunden im Kühlschrank reifen lassen.

Jungäpfel

100 g unreife Äpfel (wildwachsend, nicht gespritzt)
20 g Zucker
Weißweinessig
5 g Salz

Die Jungäpfel Ende Mai, Anfang Juni sammeln. Waschen, ggf. schälen und halbieren. Zucker in einer Pfanne karamellisieren lassen, Apfelhälften zugeben und mit einem Schuss Essig ablöschen. Die Äpfel bissfest garen und mit Salz abschmecken.
Falls die Äpfel zu hart sind, einfach etwas Wasser zugeben und bis zur gewünschten Konsistenz weitergaren.

Tipp
Die Jungäpfel lassen sich auch prima auf Vorrat einwecken. Dazu, wie auf Seite 18 beschrieben, den Salzfond zubereiten und die ganzen Jungäpfel darin ca. 10 Minuten einkochen.

Anrichten
einige feine Schafgarbenstängel
1 kleine Schalotte, in Ringen

Das Malzbrot in nicht zu dünne Scheiben aufschneiden. Großzügig mit der Lebercreme bestreichen, mit den Jungäpfeln, Schafgarbenstängeln und Schalottenringen belegen und servieren.

ENTENHERZEN

Herz, nicht nur von Geflügel, ist eine der schmackhaftesten Innereien. Überwiegend besteht es aus besonderem, sehr dunklem Muskelfleisch und ähnelt mehr der „normalen" als der sonst so glatten Muskulatur anderer innerer Organe. Deshalb hat es sowohl hinsichtlich Textur als auch Geschmack einen speziellen Platz in unserer Küche. Wir haben in diesem Fall Entenherz mal zu Tatar verarbeitet, weil wir finden, dass so dieses typische Aroma mit am besten wirkt; passend dazu der milde Himbeeressig, Biss geben die knackig würzigen Kapern und unterstrichen wird das Ganze durch die Brunnenkresse, mit ihrer frischen und leicht kräftigen Note.

Entenherzen lassen sich auch gut als Ragout zu einem Hauptgericht verarbeiten. Oder aber wie in unserem Rezept als Ergänzung zum Tatar toll leicht rosa gebraten, nur umspielt von weißer Zwiebel. Dazu in eine heiße Pfanne legen, einmal kurz von jeder Seite scharf anbraten. Anschließend mit Salz oder Fleur de Sel würzen und fertig!

In hauchfeine Scheiben geschnitten kann man Entenherzen auch als eine Art Carpaccio anrichten. Mit einer Vinaigrette beispielsweise aus Weißweinessig, Apfelsaft und Rapsöl, gewürzt mit Salz und Pfeffer sowie ein bisschen Senf ist das ein sehr überraschender Einstieg in ein Menü. Oder man macht es wie die Franzosen. Sie servieren Entenherzen gern rosa gegrillt. Auch dabei kommt der ganz pure, ungemein intensive Entengeschmack sehr gut zur Geltung.

Entenherztatar & rosa gebratenes Entenherz mit Brunnenkresse

Für 4 Personen

Tatar

350 g frische Entenherzen
2 EL Rapsöl
Salz
2 Schalotten
1 EL Sonnenblumenöl
50 ml Himbeeressig
2 EL kleine Kapern
½ Bund Brunnenkresse
Pfeffer aus der Mühle

Herzen von Sehnen, Fett sowie Blutresten befreien und in ganz feine Würfel schneiden. In eine Schüssel geben, mit Rapsöl und 1 kräftigen Prise Salz vermengen und in den Kühlschrank stellen. Schalotten schälen, in feine Würfel schneiden und in einer Pfanne mit dem Sonnenblumenöl leicht andünsten. Mit Himbeeressig ablöschen und die Flüssigkeit etwas reduzieren. Kapern grob hacken, unterrühren und alles abkühlen lassen.

Kurz vor dem Anrichten die Brunnenkresse waschen, trocken schleudern, die Hälfte in feine Streifen schneiden und unter das fein gehackte Entenherztatar mischen. Alles mit Salz und Pfeffer abschmecken. Die andere Hälfte der Brunnenkresse pur dazu reichen.

Brotchips

4 dünne Scheiben Brot (z. B. Sauerteigbrot, s. S. 231)
4 TL Rapsöl
Salz

Den Backofen auf 160 °C Umluft vorheizen.

Die Brotscheiben mit dem Rapsöl und jeweils 1 kräftigen Prise Salz bestreuen. Auf einem Blech im Ofen ca. 5 – 10 Minuten lang rösten, bis sie schön kross sind. Herausnehmen und auskühlen lassen.

Weiße Essigzwiebel

1 große weiße Zwiebel
150 ml Weißweinessig
grobes Salz

Die Zwiebel schälen und in dünne 0,5 cm dicke Scheiben schneiden. In einem kleinen Topf mit dem Essig und etwas Salz einmal aufkochen und darin auskühlen lassen.

Rosa gebratene Entenherzen

2 Entenherzen
2 EL Sonnenblumenöl
Salz

Die Entenherzen von Sehnen, Fett etc. befreien. In einer Pfanne das Öl erhitzen und die Herzen von jeder Seite ca. 1 Minute scharf rosa braten. Dann halbieren und mit Salz würzen.

Anrichten

Jeweils eine Portion Entenherztatar anrichten und mit Brunnenkresse, Brotchips sowie Essigzwiebelringen garniert servieren.

LÖWENZAHN

Diese Pflanze kennt echt jedes Kind. Löwenzahn wächst ja einfach überall. In Mauerritzen, im Rinnstein, an Wegrändern und auf Wiesen. Hartnäckig setzt sich die tiefwurzelnde Pflanze dagegen zur Wehr, einfach ausgerissen zu werden. Und das ist auch gut so. Für uns ist Löwenzahn nämlich so viel mehr als ein lästiges Kraut. Wir schätzen den leicht herben Geschmack der Blätter, das nussige Aroma der Wurzel und die Süße der Knospen und Blüten.

Für Veganer eignet sich die von uns gekochte Löwenzahnreduktion sogar als Honigersatz! Bei unseren Gerichten verarbeiten wir die Knospen und Blüten aber auch gebraten für Salat, die Löwenzahnknospen schmecken jedoch ebenso gut pur als Snack zur Brotzeit. Käse oder Eis verfeinern wir, indem wir das eine wie das andere mit unserer Löwenzahnreduktion beträufeln; sie eignet sich übrigens genauso zum Süßen einer Vinaigrette.

Die Wurzeln kann man wie Gemüse zubereiten, die Blätter verarbeiten wir zu Salat oder braten sie, um sie wie hier im nachfolgenden Rezept als Beilage zu den Kalbsbäckchen zu reichen. Am besten schmecken sie übrigens, wenn sie im Frühjahr gesammelt werden, dann sind sie nämlich weniger bitter. Und noch ein Tipp: immer mal wieder gucken, wann der Löwenzahn anfängt zu blühen. In großen Mengen passiert das nämlich nur einmal im Frühling.

Gebratener Löwenzahn & gepökeltes Kalbsbäckchen mit eingelegten Löwenzahnknospen

Für 4 Personen

Löwenzahnknospen

Für 1 Glas à 160 ml
(Standzeit 1 Tag)

70 ml Apfel- oder Weißweinessig
30 ml Wasser
1 Prise Salz
1 Prise Zucker
2 g Fenchelsamen
2 g Senfsamen
100 g junge geschlossene Löwenzahnknospen

Essig und Wasser mit den Gewürzen erhitzen. Die jungen Knospen sanft abspülen und in ein steriles Glas mit Schraubverschluss geben. Mit dem heißen Wasser-Essig-Sud übergießen, bis die Knospen bedeckt sind. Das Glas fest verschließen und bei 90 °C ca. 8 Minuten sterilisieren. Vor dem Verzehr sollten die Knospen mindestens 1 Tag ziehen. Die Knospen haben eine Haltbarkeit von ca. 12 Monaten.

Kalbsbäckchen

(Standzeit ca. 24 Stunden)

400 g Kalbsbacken
11 g Pökelsalz
1 l Wasser
Salz

Die Kalbsbacken entweder fertig gepökelt kaufen oder selbst pökeln. Dazu das Pökelsalz in dem Wasser auflösen.

Kalbsbäckchen darin ca. 24 Stunden kühl gestellt einlegen. Nach der Standzeit die Flüssigkeit abgießen, und das Fleisch anschließend 1½ Stunden in leicht gesalzenem Wasser garen. Abkühlen lassen und dann in dünne Scheiben aufschneiden. Kurz vor dem Anrichten die Scheiben in einer Pfanne mit etwas Wasser kurz erwärmen.

Löwenzahnreduktion

Für ca. 300 ml
(Standzeit ca. 3½ Stunden)

400 g Löwenzahnblüten
1,5 l Wasser
ca. 300 g Zucker
(je nach Geschmack)
Saft von 1 Zitrone

Die Blüten an einem sonnigen Tag (nicht nach Regen) sammeln. Säubern, je nach gewünschter Bitterkeit, den grünen Ansatz entfernen und evtl. kurz abspülen (nicht wässern, sonst geht der Geschmack verloren). Blüten in einen großen Topf geben und in dem Wasser mindestens 3 Stunden ziehen lassen.

Danach kurz erhitzen, aber nicht zu stark aufkochen, weitere 30 Minuten ziehen lassen und dabei abkühlen lassen. Den Sud durch ein feines Sieb gießen. Den kalten Sud kosten, er darf nicht zu bitter sein und nach Geschmack mit dem Zucker süßen. Bei mittlerer Hitze nach und nach auf 300 ml reduzieren. Der Sud verfärbt sich dabei langsam braun. Das Reduzieren und das weitere Süßen kann je nach Geschmack erfolgen. Die fertige Reduktion mit Zitronensaft abschmecken und noch heiß in sterile Gläser mit Schraubverschluss einfüllen und verschließen. Dann auskühlen lassen.

Gebratener Löwenzahn

4 Löwenzahnstauden mit Wurzel
2 EL Sonnenblumenöl
1 Schuss Apfel- oder Weißweinessig
30 g Butter
Salz, Pfeffer aus der Mühle
Zucker

Die Löwenzahnstauden waschen und vorsichtig trocken schleudern. Anschließend in einer heißen Pfanne in dem Öl scharf anbraten. Mit dem Essig ablöschen und Butter zugeben. Mit Salz, Pfeffer und 1 Prise Zucker abschmecken.

Anrichten

4 geröstete Löwenzahnblätter
16 junge helle Löwenzahnblätter

Zum Anrichten die Kalbsbäckchenscheiben auf Teller verteilen. Die gebratenen Stauden sowie geröstete Blätter daneben platzieren. Einige Löwenzahnknospen sowie die gewaschenen jungen Blätter anrichten und mit Löwenzahnreduktion umträufelt servieren.

RADIESCHENKNOSPEN

Radieschen auszusäen ist so etwas wie Gärtnern für Anfänger. Viel falsch machen kann man dabei nicht. Außer man ertränkt die Saat in zu viel Wasser oder macht genau das Gegenteil und lässt sie vertrocknen. Machen einem Erdfloh und Kohlfliege keinen Strich durch die Rechnung, kann man die scharfen Dinger nach vier bis sechs Wochen ernten. Sie wachsen so schnell, dass wir manchmal mit dem Ernten gar nicht nachkommen. Frisch geerntet sollten sie zügig gegessen werden, da sie sich, in ein feuchtes Küchenhandtuch eingeschlagen, nur wenige Tage im Kühlschrank halten. Also gibt es sie zur Radieschenzeit zu allem Möglichen. Wir mögen sie ausgesprochen gern pur zu einer Brotzeit, nur mit etwas Salz bestreut.

Gelegentlich stoßen wir per Zufall auf ein quasi neues Produkt: Irgendwann entdeckten wir, dass neben dem Radieschengrün auch kleine Knospen sprossen. Wir wussten anfangs gar nicht, worum es sich dabei handelt, was da wächst, und haben es einfach ausprobiert. Sowohl in rohem als auch im gebratenen Zustand fanden wir die Knospe geschmacklich spannend. Sie ist ganz leicht süßlich im Aroma, dabei dennoch pikant und nur leicht scharf, so ein wenig wie grüne Rübchen. Und die Radieschenknospen sind herrlich saftig und knackig. Wie sagen wir immer so schön? „Sie bleibt lang im Mund."

In diesem Rezept haben wir sie einem anderen Frühlingsboten an die Seite gestellt. In Kombination mit Bärlauch verleiht das nämlich den bodenständigen Maultaschen eine gewisse Leichtigkeit. Radieschenknospen schmecken aber auch roh etwa in einem Salat oder verleihen kurz angebraten zum Beispiel Fisch eine frische Note.

Maultaschen mit Graupen-Bärlauchfüllung & Radieschenknospen

Für 4 Personen

Maultaschenteig
(Standzeit ca. 1 Stunde)

1 kg Weizenmehl
1 Prise Salz
8 Eier
etwas Wasser

Alle Zutaten kräftig miteinander verkneten und nur so viel Wasser zufügen, bis ein glatter Teig entsteht. Mindestens 1 Stunde abgedeckt kalt stellen.

Bärlauchfüllung

2 Schalotten
1 Knoblauchzehe
50 g Butter
200 g Graupen
100 ml Weißwein
150 ml Wasser
3 Bund Bärlauch
2 Eier
Salz, Pfeffer aus der Mühle

Die Schalotten schälen und fein würfeln. Knoblauchzehe schälen und fein schneiden. In einem Topf die Butter zerlassen und die Schalottenwürfel sowie die Graupen darin anschwitzen. Mit Weißwein ablöschen. Mit dem Wasser auffüllen und ca. 20 Minuten köcheln lassen, gegebenenfalls nochmals mit etwas Wasser auffüllen. Den Knoblauch zugeben und alles abkühlen lassen.
Den Bärlauch putzen, waschen, trocken schleudern und grob klein schneiden. Zusammen mit den Eiern, Salz und Pfeffer mixen. Die Bärlauchmasse unter die ausgekühlten Graupen mischen und kalt stellen.

Fertigstellung
Weizenmehl zum Bearbeiten
1 Eigelb
Salz

Den Nudelteig in 3 Portionen aufteilen, jede Portion auf einer leicht bemehlten Arbeitsfläche mithilfe einer Teigrolle oder einer Nudelmaschine zu Bahnen ausrollen, gleich breit zuschneiden und dünn mit verquirltem Eigelb bestreichen. Die Bärlauch-Graupen-Füllung mit einem Löffel mit jeweils etwas Abstand auf die unteren Hälften der Teigbahnen verteilen. Zuerst die untere Teigbahn und dann die obere über die Füllung klappen. Mithilfe eines Kochlöffelstiels in gleichmäßigen Abständen Mulden eindrücken und so Taschen abteilen. Dann die Maultaschen mit einem Teigrad voneinander trennen, ggf. die Enden noch mal andrücken. Die Maultaschen in reichlich siedendes Salzwasser geben und darin je nach Größe ca. 5–10 Minuten garziehen lassen, bis sie an der Oberfläche schwimmen. Nicht kochen, sonst platzen die Maultaschen auf! Dann herausnehmen und warm halten.

Rübensalat

ca. 700 g gemischte junge Rübchen (z. B. Gatower Kugeln, Radieschen, gelbe Rüben)
1 Schalotte
2 EL Sonnenblumenöl
25 g Butter
2–3 EL Wasser
Weißweinessig

Die Rübchen waschen, ggf. schälen und in gleich große Stücke von ca. 1 cm bzw. in Spalten schneiden. Die Schalotte schälen und fein würfeln. Das Sonnenblumenöl in einer Pfanne erhitzen und die Rübchen darin scharf anbraten. Butter und Schalottenwürfel zugeben, mit dem Wasser und einem Schuss Weißweinessig ablöschen und bissfest dünsten.

Radieschenknospen

150 g Radieschenknospen
2 EL Sonnenblumenöl
Salz
Zucker
60 ml Apfelessig

Die Radieschenknospen waschen, gut abtropfen lassen und in einer Pfanne im heißen Öl bei mittlerer Hitze von allen Seiten leicht braten. Mit Salz und Zucker würzen und mit Apfelessig ablöschen.

Anrichten
Hausdressing (s. S. 228)

Die Rübchen lauwarm auf Teller verteilen, darüber einige Radieschenknospen geben. Jeweils eine Maultasche platzieren, alles großzügig mit dem Hausdressing beträufeln und servieren.

Tipp
Die restlichen Maultaschen lassen sich prima einfrieren.

AUSTERN

Mit Austern ist das ja so eine Sache. Entweder man liebt sie oder eben nicht. Wir jedenfalls sind Fans dieser köstlichen Meeresfrucht! Frisch geöffnet, appetitlich nach Salzwasser duftend, gibt es kaum etwas Schöneres für uns. Die meisten Genießer schlürfen sie mit geschlossenen Augen pur, nur mit einem Spritzer Zitrone. Dank ihrer perfekten Struktur lassen sich Austern aber auch garen, überbacken, frittieren oder trocknen. Sie sind ideal als kleiner Gaumenschmeichler, als Vorspeise oder aber, um Gerichten oder Saucen ein typisches Meeresfrüchtearoma zu verleihen.

Wir haben uns nach einigem Probieren für die Sylter Royal entschieden, eine Pazifische Austernart, die vor der deutschen Lieblingsinsel gezüchtet wird. Im Übrigen die einzige deutsche und zugleich die nördlichste Austernzucht der Welt. Die ein Jahr alten Setzlinge stammen aus Irland. Jedes Jahr im März und April werden sie ausgesetzt und brauchen dann noch zwei Jahre Hege und Pflege. Zwar ist die „Monate-mit-r-Regel" zwischenzeitlich überholt – durch die geschlossene Kühlkette haben Keime keine Chance –, und das Nordseewasser vor Sylt ist ebenfalls kalt genug, aber im Sommer ist für die Austern Laichzeit und dadurch bedingt ein höherer Anteil an verderblichen Eiweißen enthalten. Schlecht werden sie natürlich dennoch nicht. Wir allerdings finden sie im Herbst und besonders im Frühjahr geschmacklich am schönsten, weil sie weniger fett und eiweißhaltig sind.

Für unsere Sylter Royal haben wir uns einmal etwas anderes, etwas Frühlingshaftes eben, überlegt: Um das herrlich frische Aroma zu unterstreichen, stellen wir ihnen unter anderem Blüten an die Seite. In einem Fond daraus lassen wir sie kurz ziehen, reichen dazu marinierte Meereskräuter und Spargelgrün sowie knusprige Kartoffelwürfel, die einen wundervollen Kontrast zur zarten Textur der Austern bilden.

Pochierte Austern & Meereskräutersalat mit Spargelgrün und Kartoffelknusper

Für 4 Personen

Meereskräutersalat

100 ml Blütenfond von Robinie oder Holunder (s. S. 14)
5 g Speisestärke
20 ml Weißweinessig 5 %
4 g Salz
20 ml Rapsöl
40 g frische Meereskräuter (z. B. Austernblätter, Meeresfenchel)
10 g Spargelgrün

Vom Blütenfond 20 ml abmessen und mit der Speisestärke vermengen. Den restlichen Fond in einem kleinen Topf mit dem Essig aufkochen. Mit der Stärkelösung binden und mit Salz abschmecken. Das Öl langsam in die warme Marinade rühren.

Kurz vor dem Anrichten die Meereskräuter und das Spargelgrün waschen, trocken tupfen, mundgerecht zerkleinern und mit der Marinade in einer Schüssel vermengen.

Kartoffelknusper zur Deko

1 große Kartoffel
Sonnenblumenöl zum Frittieren
Salz

Den Backofen auf 130 °C Umluft vorheizen.

Die Kartoffel schälen, in sehr feine Würfel mit 0,5 cm Kantenlänge schneiden und in Wasser legen. Reichlich Öl zum Frittieren auf 160 °C erhitzen. Die Kartoffelwürfel aus dem Wasser nehmen und gut trocken tupfen. In dem heißen Öl portionsweise goldgelb frittieren. Herausnehmen, auf Küchenpapier abtropfen lassen und salzen. Auf einem mit Backpapier belegten Backblech im Ofen ca. 10–15 Minuten trocknen lassen, bis sie knusprig sind.

Pochierte Austern

16 Austern
100 ml Holunderblütenfond (s. S. 14)
1 Prise Salz

Austern aufbrechen und unter fließend kaltem Wasser in der Schale leicht abwaschen. Den Blütenfond in einem Topf aufkochen, von der Hitze nehmen und nur leicht mit Salz abschmecken, da die Austern selbst salzig sind. Die Austern aus der Schale lösen und ca. 5 Minuten im warmen Sud garziehen lassen. Herausnehmen und zum Servieren wieder in der Schale anrichten.

Anrichten

Die Austern platzieren und mit dem marinierten Meereskräutersalat und Spargelgrün anrichten. Gegebenenfalls noch mit etwas Fond beträufeln, mit dem Kartoffelknusper bestreuen und servieren.

Tipp
Es können auch je nach Geschmack andere Blütenfonds verwendet werden.

ROTE LINSEN

Typische Kindheitsgerichte sind in Christophs Erinnerung Linsen mit Bauchspeck und Würstchen. Im Schwäbischen zudem gern serviert mit selbst gemachten Spätzle. Die Linsen braun, das Essen zwar wohlschmeckend, aber schwer.

In unserer Küche arbeiten wir deshalb lieber wie hier im folgenden Rezept mit einer leichteren Variante. Der Sellerie macht die roten Linsen frisch, die knackigen Haselnüsse unterstreichen das nussige Aroma, und die Rosinen sorgen für die leicht süßliche Note. All das passt hervorragend zum knusprig gebratenen Dorsch.

Wir lieben Linsen einfach, weil sie so vielfältig sind, in verschiedenen Farben – rot, grün, gelb oder schwarz – daherkommen und sich perfekt für alle möglichen Gerichte eignen. Die schwarzen Beluga-Linsen etwa sehen aus wie Kaviar und sind mariniert ein perfekter Beitrag zu einer kleinen Vorspeise. Mit einer Vinaigrette, Tomaten, Paprika und Zwiebel wiederum kann man aus sämtlichen Linsensorten einen schönen Salat zubereiten. Pikant abgeschmeckt mit Knoblauch und Curry sind sie eine interessante Beilage zu Kartoffelgerichten. Allerdings spricht in der kalten Jahreszeit auch nichts gegen eine deftige Linsensuppe mit ordentlich Einlage wie Würstchen oder Kasseler. Rote Linsen, die dank ihrer kurzen Garzeit gut in der Pfanne mit Knoblauch, Ingwer und Zwiebeln gebraten werden können, passen mit etwas Honig gewürzt zudem perfekt zu Lamm.

Rote Linsen & Ostseedorsch im Kastanienblütensud

Für 4 Personen

Ostseedorsch

1 Dorsch (ca. 2 kg)
Weizenmehl zum Wenden
3 EL Sonnenblumenöl
30 g Butter
Salz

Den Fisch filetieren und die Filets kalt stellen. Gräten, Flossen und Karkassen für den Fischfond verwenden.

Kurz vor dem Anrichten die Dorschfilets in 4 gleich große Portionen schneiden, in Mehl wenden, überschüssiges Mehl abklopfen und in einer Pfanne im heißen Öl auf der Hautseite kross braten. Wenden, die Butter zugeben, die Filets kurz darin schwenken und salzen.

Fischfond

Für ca. 300 ml

4 Schalotten
1 Stange Staudensellerie
2 EL Sonnenblumenöl
Salz
Zucker
200 ml Weißwein
200 ml Wermut (z. B. Noilly Prat)
Saft von ½ Zitrone
1 Sternanis
3 g Fenchelsamen
1 Lorbeerblatt
200 ml Wasser
Fischkarkassen vom Dorsch (ca. 400 g)
150 g Kastanienblüten
1 EL Crème fraîche
1 EL Butter
Pfeffer aus der Mühle
Muskatnuss

Schalotten schälen, Sellerie putzen, waschen, schälen und beides in grobe Würfel schneiden. In einem Topf im heißen Öl farblos anschwitzen. Mit jeweils 1 Prise Salz und Zucker würzen. Mit Weißwein und Wermut ablöschen. Zitronensaft, Sternanis, Fenchel und Lorbeer zugeben, mit dem Wasser auffüllen und für ca. 20 Minuten kochen lassen.

Die Fischkarkassen klein hacken, zugeben und weitere 15 Minuten köcheln lassen. Der Fond wird durch das Eiweiß der Karkassen geklärt. Anschließend durch ein Sieb passieren und den aufgefangenen Fond auf ca. 300 ml reduzieren.
Die Kastanienblüten säubern, von grünen Teilen sowie Stängeln befreien und den Fischfond, je nach gewünschter Intensität, ca. 10–15 Minuten ziehen lassen. Zum Schluss mit Crème fraîche, Butter, Salz, Pfeffer und etwas frisch geriebener Muskatnuss verfeinern und abschmecken.

Rote Linsen

2 Schalotten
½ Knoblauchzehe
30 g Staudensellerie
60 g Haselnusskerne
30 g Butter
50 ml Apfelessig
50 ml Weißwein
Salz, Pfeffer aus der Mühle
1 Lorbeerblatt
2 EL Rosinen
150 ml Wasser
250 g rote Linsen
10 Stängel Koriander
1 Stängel Estragon
1 Frühlingszwiebel

Schalotten und Knoblauch schälen und fein würfeln. Staudensellerie putzen, waschen, schälen und ebenfalls in feine Würfel schneiden. Die Haselnusskerne hacken. Schalotten-, Knoblauch- und Selleriewürfel in einer Pfanne in zerlassener Butter anschwitzen. Mit Essig und Weißwein ablöschen. Salzen, pfeffern, Lorbeer, Haselnüsse und Rosinen zugeben und mit dem Wasser auffüllen. Alles aufkochen, die Linsen unterrühren und ca. 15 Minuten bissfest köcheln lassen. Koriander, Estragon und Frühlingszwiebel waschen und trocken schütteln. Von den Kräutern die Blätter abzupfen und fein hacken. Die Frühlingszwiebel in feine Ringe schneiden. Das Linsengemüse schnell abkühlen. Das lauwarme Linsengemüse mit den gehackten Kräutern und Frühlingszwiebelringen verfeinern und nochmals mit Salz und Pfeffer abschmecken.

Anrichten

einige rote und grüne Kresseblättchen

In tiefen Tellern jeweils ein kleines Türmchen aus den Linsen formen, darauf ein Dorschfilet platzieren und mit einigen Linsen und Kresseblättchen garnieren. Zum Schluss den Fischfond angießen und servieren.

GESCHMORTE SCHULTER

Die Franzosen haben echt die vornehmeren Ausdrücke für manchen Vorgang in der Küche. Braisieren ist so einer. Dahinter verbirgt sich nichts anderes als: schmoren. Und hinter einer „Braise" eine kräftige, gut gewürzte Brühe. Damit sind schon mal zwei Dinge klar, die es für einen perfekten Braten braucht. Denn Schmoren, dieser Garvorgang zwischen Kochen und Braten ist einfach genial, um Fleisch zuzubereiten. Selbst jemand, der eigentlich gar nicht so erfahren ist am Herd (oder Backofen) bekommt das hin. Alles, was man beachten muss, ist, das Fleisch in heißem Fett kräftig anzubraten. Die dabei entstehenden Röststoffe sind Bestandteil des guten Geschmacks. Dann einfach Zutaten nach Lust und Laune sowie ausreichend erwärmte Flüssigkeit zugeben. Dass die Brühe bzw. der Fond warm sein sollte, ist wichtig, damit der Garvorgang nicht unterbrochen wird. Dann Deckel drauf, ab in den Ofen und das Fleisch langsam bei milder Hitze schmurgeln lassen. Nach dem Anbraten gart das, was sich im Schmortopf befindet, fast von allein. Zum Schmoren lässt sich fast alles verwenden, auch Wildfleisch.

Wenn wir Wild verarbeiten, beziehen wir es in der Regel von Jörn Korte, sozusagen unser Haus-und-Hofjäger, der hier quasi in der Nachbarschaft in der Brandenburger Schorfheide sein Revier hat. Das Fleisch ist tiefrot und sehr geschmacksintensiv. Es wird oft – so auch bei uns – rosa gebraten serviert, aber es eignet sich tatsächlich auch wunderbar zum Schmoren. Besonders zart wird es, wenn es bereits am Vortag zubereitet wird, dann kann das Fleisch ordentlich im Sud durchziehen und ist herrlich saftig. Wir garen es in einem Sud aus reichlich Gemüse, Malzbier und Rotwein. Das einzige, was beachtet werden muss, ist, dass der Braten während der Zeit im Ofen immer gut mit Flüssigkeit bedeckt ist.

Um den Maibock in diesem Gericht passend zur Jahreszeit zu servieren, kombinieren wir ihn mit einem frühlingshaften Rhabarberragout, das kalt wie ein Chutney dazu gereicht wird. Für die meisten sind die grünen oder roten Stängel, die nur bis Juni verzehrt werden sollten, typisch für Konfitüre, Desserts oder Kuchen. Da Rhabarber aber botanisch betrachtet als Gemüse gilt, haben wir ihm eine andere Rolle zugedacht. Als säuerliche Beilage passt er perfekt zum „wilden" Schmorfleisch. Übrigens: Obwohl wir ja bekannt dafür sind, dass wir gern alles vom Gemüse verwenden, nehmen wir vom Rhabarber nur die Stiele, die Blätter sind nämlich absolut unverträglich!

Geschmorter Maibock & Rhabarberragout

Für 4 Personen

Geschmorter Maibock
(Garzeit ca. 2½ Stunden)

1,5 kg ausgelöste Maibock-
schulter
Salz
Zucker
1 Karotte
2 Zwiebeln
200 g Knollensellerie
3 EL Sonnenblumenöl
1 EL Tomatenmark
2 l Malzbier
1 l Rotwein
1 Sternanis
1 Lorbeerblatt
60 g getrocknete Aprikosen
Pfeffer aus der Mühle
Speisestärke, nach Bedarf

Den Backofen auf 150 °C Umluft
vorheizen.

Das Fleisch mit Küchengarn
stramm zu einer Rolle binden.
Etwas salzen und zuckern. Der
Zucker ist hierbei ein natürlicher Geschmacksverstärker.
Karotte, Zwiebeln sowie Sellerie schälen und grob zerkleinern. Das Fleisch in einem
großen Bräter mit Deckel von
allen Seiten kräftig anbraten
und anschließend herausnehmen. Das Öl in dem Bräter
erhitzen, das Gemüse darin anbraten und das Tomatenmark
zugeben. So werden die
schmackhaften Röststoffe vom
Fleisch gelöst. Mit Malzbier und
Rotwein ablöschen. Sternanis
und Lorbeer zugeben und das

Ganze aufkochen lassen. Das
Fleisch wieder hineingeben und
darauf achten, dass es komplett
mit Flüssigkeit bedeckt ist,
ansonsten mit etwas Wasser
auffüllen. Den Deckel auf den
Bräter setzen und das Fleisch
im Backofen ca. 2½ Stunden
schmoren lassen. Dabei ab und
zu prüfen, ob noch genügend
Flüssigkeit im Bräter ist. Das
Fleisch sollte immer bedeckt
sein.

Nach Ende der Garzeit das
Fleisch aus der Sauce nehmen
und warm halten. Den Sud
durch ein Sieb passieren und
den aufgefangenen Sud bei
niedriger Hitze auf 300 ml reduzieren. Die Aprikosen würfeln
und zugeben. Mit Salz und
Pfeffer abschmecken. Nach
Bedarf die Sauce mit etwas
Speisestärke binden.

Tipp
Am besten bereitet man dieses
Gericht schon einen Tag eher
zu. So kühlt das Fleisch in der
Sauce vor dem Reduzieren
langsam aus und bleibt dadurch
schön saftig.

Rhabarberragout
(Standzeit ca. 30 Minuten)

300 g Rhabarber
½ TL Salz
1 TL Zucker
50 ml Himbeeressig

Den Rhabarber putzen, waschen
und die Fäden ziehen. In Würfel
mit 0,5 cm Kantenlänge schneiden. Diese mit Salz und Zucker
ca. 30 Minuten lang marinieren.
Himbeeressig in einem Topf erhitzen und den Rhabarber darin
ca. 1 Minute kurz aufkochen.
Nicht zu weich garen, der Rhabarber sollte noch Biss haben.
Bis zum Servieren kalt stellen.

Anrichten
je 4 Vogelmiere- und Basilikum-
spitzen

Das Fleisch in Scheiben schneiden und auf Teller verteilen. Die
Sauce darübergeben, mit dem
Rhabarberragout und den Kräutern garniert servieren.

WILDKRÄUTER

Wie das klingt: Unkraut. Und dabei ist der Begriff komplett unzutreffend. Wildkräuter trifft es so viel besser, denn sie sind nicht lästig, sondern im Gegenteil außerordentlich schmackhaft. Die Aromenpalette reicht von grasig und leicht bitter über sauer und herb sogar bis zu süßlich. Giersch beispielsweise ist ein so würzig-aromatisches Kraut, dass man die Mineralsalze förmlich herausschmecken kann. Die essbaren Blüten der Taub- oder Goldnessel wiederum schmecken honigsüß. Acker-Senf ist, wie der Name bereits vermuten lässt, etwas schärfer, seine Blätter und Samenschoten können sowohl roh als auch gekocht gegessen werden. Gänseblümchen wiederum sind fein gehackt lecker in Suppen, Eintöpfen und Frischkäse und eine effektvolle Deko in Salaten. Deren Knospen in Essig eingelegt erinnern geschmacklich an Kapern.

Ganz nebenbei sind sämtliche Wildkräuter genau wie die „unwilden" Petersilie, Schnittlauch und Co. perfekt, um unzählige Gerichte aufzupeppen. Zudem wachsen sie kostenlos im Wald, auf Wiesen oder sogar im eigenen Garten, manchmal selbst in Balkonkästen, wenn man der Natur einfach ihren Lauf lässt. Viele der Kräuter passen gut in Salate, Suppen, Pestos, Gewürzmischungen und Smoothies. Andere sind ideal für Tees oder Tinkturen. Wir empfehlen sie sogar für einen Liköransatz (siehe Seite 230).

In unserem Dessert verbinden wir Wildkräuter wie Breitwegerich, Blutampfer und Sauerklee sowie Taubnessel und Leipziger Rebe mit Sauerrahm. Wir „verpacken" sie in ein Eis – das ist mal ein ganz neues Geschmackserlebnis, verblüffend, aber nicht überkandidelt. Das wäre auch nicht in unserem Sinne und schon gar nicht passend zu den „wilden Grünen".

So viele verschiedene Kräuter es gibt, so viele Zubereitungsarten bieten sie. Gemeinsam ist allen, dass sie möglichst rasch nach der Ernte verarbeitet werden sollten. Super schmeckt Sauerampfer, wenn man ihn mit Apfel und Gurke zusammen entsaftet. Taubnessel wiederum lässt sich sogar braten und passt so zu hellem Fleisch oder Fisch. Also keine Bange vor dem vermeintlichen „Un"-Kraut!

Wildkräutereis mit Estragonkeksbrösel

Für 4 Personen

Wildkräutereis
Für ca. 600 ml
(Standzeit ca. 12 Stunden)

200 g gemischte Wildkräuter (z. B. Blutampfer, Fette Henne,
Goldnessel, Giersch, Rucola, Schafgarbe, Sauerklee)
2 Blatt Gelatine
500 g Sauerrahm
100 g Zucker
50 g Glukose
Saft von ½ Zitrone
5 g Salz
1 Prise Pfeffer aus der Mühle

Die Wildkräuter putzen, waschen und trocken schleudern. Einige
Kräuter für die Dekoration beiseitelegen, die restlichen ggf. zupfen.
Die Gelatine in kaltem Wasser einweichen. 100 g Sauerrahm mit
dem Zucker und der Glukose erhitzen. Die ausgedrückte Gelatine
darin auflösen.

Zusammen mit den restlichen Zutaten und den gezupften Wildkräutern in einem Standmixer fein pürieren und ggf. durch ein Sieb
streichen. In einen Pacojetbecher füllen, verschließen und ca.
12 Stunden gefrieren. Kurz vor dem Servieren einmal pacossieren.
Alternativ die Masse für ca. 1–1½ Stunden in einer Eismaschine
cremig gefrieren.

Estragonkeksbrösel
Für ca. 600 g
(Standzeit ca. 2 Stunden)

1 Bund Estragon
2 Eier
150 g Butter
200 g Zucker
150 g Weizenmehl
1 EL unbehandelter Zitronenabrieb
100 g gemahlene Mandeln

Estragon waschen, trocken schütteln und die Blätter abzupfen.
Estragonblätter mit den Eiern fein pürieren. Butter und Zucker in
einer Küchenmaschine verrühren. Eiermasse zugeben. Mehl,
Zitronenabrieb und Mandeln unterkneten. Den Teig zu einer Kugel
formen und ca. 2 Stunden abgedeckt im Kühlschrank ruhen lassen.
Den Backofen auf 180 °C Umluft vorheizen. Den Teig auf einem
mit Backpapier ausgelegten Blech dünn ausrollen und im Ofen
ca. 10 Minuten backen. Herausnehmen und auskühlen lassen.
Nach dem Auskühlen zerbröseln und trocken in einer Dose aufbewahren.

Anrichten
Vom Eis jeweils eine Nocke abstechen, mit einigen Estragonkeks-
bröseln und den Wildkräutern dekorativ anrichten.

ERDBEEREN

Die meisten Menschen können es kaum abwarten, bis es im Frühjahr endlich wieder heimische Erdbeeren gibt. Will man der Statistik glauben, sind das sogar 98 Prozent aller Deutschen. Es hat nichts mit typischem nationalen Chauvinismus zu tun, wenn man zu regionaler Ware greift, die es besonders schmackhaft bedauerlicherweise nur in der viel zu kurzen Saison gibt. Ausgesprochen aromatisch duftend sind sie dann und unglaublich lecker. Da sie sich nicht so lange lagern lassen, sollten sie möglichst binnen zwei Tagen nach dem Kauf verarbeitet werden. Erdbeeren lassen sich zwar einfrieren, büßen dann aber an Aroma ein. Für Pürees oder Aufstriche eignen sie sich natürlich dennoch.

Erdbeeren passen zu Süßem wie zu Pikantem, zu Salat oder Gemüse ebenso wie zu Eis und Kuchen.

Wir haben uns mit dem Rezept für die Erdbeer-Charlotte an einen Klassiker getraut, der sich eigentlich gar nicht verbessern lässt. Für diese Süßspeise wird ja klassisch eine Form mit Löffelbiskuits oder Biskuit ausgelegt, mit geschlagener Sahne und bayerischer Creme gefüllt, also im Prinzip schon absolut perfekt. Dennoch glauben wir, ihn mit dem Waldmeisterschaum noch zu optimieren. Ganz wichtig: Der Biskuit muss auf den Punkt gebacken sein, damit er nicht beim Einrollen bricht, und die Erdbeermousse für die Füllung wiederum darf nicht zu fest oder zu weich sein. Übrigens waren wir davon überzeugt, Charlotte sei eine typisch österreichische, bestenfalls bayerische Nachspeise. Aber: Namensgeberin für dieses Dessert war wohl vermutlich eine Deutsche, Sophie Charlotte von Mecklenburg-Strelitz, die Ende des 18. Jahrhunderts den britischen König Georg III. heiratete. Ursprünglich wurde die „Charlotte" warm mit Brotscheiben zubereitet, die kalte Variante stammt angeblich aus Frankreich vom Haus- und Hofkoch Talleyrands.

Erdbeer-Charlotte & Waldmeisterschaum

Für 2 Stück

Waldmeisterschaum
(Standzeit ca. 18 Stunden)

1,5 Blatt Gelatine
200 ml Waldmeisterfond (s. S. 14)
50 g Naturjoghurt
1 Espuma-Flasche
2 Sahnekapseln

Die Gelatine in kaltem Wasser einweichen. Den Fond aufkochen und den Joghurt zugeben. Ausgedrückte Gelatine in der noch warmen Masse auflösen und mindestens 12 Stunden kalt stellen. Anschließend in einem Mixer fein pürieren und in die Espuma-Flasche füllen. Mit den Kapseln begasen und kräftig schütteln. Mindestens 6 weitere Stunden in den Kühlschrank stellen.

Erdbeer-Fruchtmark

400 g Erdbeeren
100 g Zucker

Die Erdbeeren waschen und putzen. Zusammen mit dem Zucker mithilfe eines Stabmixers fein pürieren und kalt stellen.

Erdbeer-Fruchtkern
(Standzeit ca. 12 Stunden)

200 g Erdbeer-Fruchtmark
25 g Zucker
3 g Apfelpektin
2 Blatt Gelatine

Alle Zutaten, bis auf die Gelatine, vermischen und aufkochen. Die Gelatine in kaltem Wasser einweichen, ausdrücken und in der noch warmen Masse auflösen. Zwei Eierbecher mit Klarsichtfolie auslegen, die warme Masse einfüllen und ca. 12 Stunden einfrieren.

Erdbeermousse
(Standzeit ca. 2 Stunden)

3 Blatt Gelatine
2 Eigelb
40 g Zucker
200 g Erdbeer-Fruchtmark
200 ml Sahne
½ TL unbeh. Zitronenabrieb

Die Gelatine in kaltem Wasser einweichen. Eigelbe, Zucker und Fruchtmark in einer Schüssel in einem Wasserbad bei ca. 80 °C dick cremig aufschlagen. Die Masse hat die richtige Konsistenz, wenn man einen Holzlöffel hineintaucht, auf die Rückseite pustet und die Creme sich dann wellen- bzw. rosenförmig verteilt (zur Rose abziehen). Die Schüssel vom Wasserbad nehmen und die ausgedrückte Gelatine in der warmen Masse auflösen. Die Masse so weit im Kühlschrank abkühlen lassen, bis diese langsam anzieht. Die Sahne steif schlagen, zusammen mit dem Zitronenabrieb behutsam unterheben und die Mousse ca. 2 Stunden kalt stellen.

Wiener Biskuit

4 Eier
160 g Zucker
60 g Butter
160 g Weizenmehl
2 Messerspitzen Backpulver
1 TL unbeh. Zitronenabrieb
180 g Erdbeerkonfitüre

Den Backofen auf 160 °C Umluft vorheizen. Zwei Backbleche mit Backpapier auslegen.
Eier und Zucker so lange aufschlagen, bis die Masse weißschaumig ist. Die Butter in einem Topf erhitzen, schön bräunen und unter die Masse geben. Mehl und Backpulver durch ein Sieb zugeben und mit dem Zitronenabrieb unterheben. Den Teig gleichmäßig 1 cm dick auf die vorbereiteten Bleche streichen und im Backofen ca. 10 Minuten backen. Beide Bleche aus dem Ofen nehmen und zunächst eines der Bleche auf ein feuchtes Küchenhandtuch stürzen. Das Backpapier vorsichtig abziehen. Ein zweites feuchtes Küchenhandtuch darauflegen und den Biskuit behutsam im noch warmen Zustand aufrollen und auskühlen lassen. Den anderen Biskuit ebenfalls stürzen und das Backpapier abziehen.
Wenn der aufgerollte Biskuit kalt ist, wieder auseinanderrollen und mit der Konfitüre gleichmäßig dünn bestreichen. Wieder aufrollen und kalt stellen. Aus der Biskuitplatte zwei Kreise von ca. 8 cm Durchmesser ausschneiden und zur Seite stellen.

Fertigstellung
(Standzeit ca. 12 Stunden)

Zwei Schüsseln von ca. 8 cm Durchmesser mit Frischhaltefolie auslegen. Die Biskuitrolle aus dem Kühlschrank nehmen. In ca. 0,3 cm dünne Scheiben schneiden und in den Schüsseln auslegen. Eventuell festdrücken, sodass keine Lücken entstehen. Jeweils die Erdbeermousse einfüllen, mittig den gefrorenen Erdbeer-Fruchtkern eindrücken und mit dem ausgeschnittenen Deckel verschließen. Ggf. überstehenden Biskuit abschneiden. Für mindestens 12 Stunden kalt stellen.

Anrichten

2 Blättchen Waldmeister
einige Erdbeeren

Die Erdbeer-Charlottes vorsichtig stürzen und anrichten, den Waldmeisterschaum dekorativ daneben sprühen und mit frischem Waldmeister sowie den Erdbeeren servieren.

SOM
MER

SAFT

Das Thema selbst gemachte Säfte spielt bei uns im herz&niere eine große Rolle. Wir bieten sie begleitend zu unseren Menüs an, entweder pur oder als Schorle, gemixt als Apéritif oder Longdrink. Unsere Säfte und Blütenfonds (siehe Seite 14) sind komplett hausgemacht; wir verzichten komplett auf konventionelle Produkte. Die Obstsorten und Beeren stammen – wie die Kräuter – ausschließlich aus Berlin und Umland. Sie kommen pur und direkt in die Flasche, wir verzichten auf Süßung, weil wir finden, dass der Fruchtzucker aromastark genug ist. Wir reduzieren die Säfte auch nicht, da wir der Meinung sind, dass der jeweilige Charakter der Frucht oder Beere so besser erhalten bleibt. Da wir alle Säfte im Wasserbad sterilisieren, benötigen wir zudem keine Konservierungsstoffe. Sie sind dadurch zwar nur zwölf Monate haltbar, aber weil sie unseren Gästen (und uns!) so gut schmecken, verbrauchen wir sie ohnehin regelmäßig innerhalb eines Jahres.

Da sich Äpfel mit Birnen beim Entsaften zwar vergleichen lassen, nicht aber mit Mirabellen oder Kirschen, haben wir verschiedene Methoden zur Saftgewinnung. Birnen und Äpfel kommen in einen Direktentsafter, Holunderbeeren werden mit kochendem Wasser überbrüht und dann durch eine Flotte Lotte passiert oder durch ein Passiertuch gedrückt. Knollensellerie etwa schälen wir und geben ihn in einen Dampfentsafter. In diesem speziellen Fall gewinnen wir übrigens gleich zwei Produkte: den Selleriesaft und die gedämpften Selleriewürfel. Letztere verarbeiten wir zu einem cremigen Püree, das perfekt zu Wild oder Fisch passt.

Unseren selbst gemachten Apfelsaft bieten wir unseren Gästen unter anderem als spritzigen Apéritif namens Apfel31 an. Hierfür mixen wir ihn mit unserem hausgemachten Eisenkrautauszug und etwas ganz Speziellem: einem Wermutwein aus der Pfalz namens MERWUT. Sehr zu empfehlen, wie wir finden!

Saftherstellung & Apfel31

Direktentsaften
Für ca. 1 l Saft
(Standzeit ca. 30 Minuten)

2 kg Äpfel oder 3 kg Birnen

Die Früchte waschen und die Stiele entfernen. Nach Belieben schälen und entkernen oder direkt im Ganzen verarbeiten und klein schneiden. In einem Entsafter entsaften. Den übriggebliebenen Fruchttrester nochmals entsaften oder durch ein feines Tuch drücken. Den Saft ca. 30 Minuten stehen lassen und den Schaum abschöpfen.

Die gefilterten Säfte jeweils in sterile Bügelflaschen füllen. Bei 90 °C ca. 20 Minuten sterilisieren und sofort kühl stellen. Die Säfte sind dunkel und kühl gelagert gut 12 Monate haltbar.

Info
Wir verarbeiten auch Staudensellerie, Spitzkohl und Fenchel zu Direktsaft.

Kochen oder Brühen
Für ca. 1 l Saft

2 kg Holunderbeeren

Die Holunderbeeren von den Stielen lösen und in einen Topf mit Wasser geben, sodass sie bedeckt sind. Bei mittlerer Hitze ca. 15 Minuten leicht simmern lassen. Anschließend am besten durch eine Flotte Lotte oder alternativ ein feines Sieb oder Passiertuch drücken. Den Saft wie beim Direktentsaften beschrieben abfüllen und sterilisieren.

Info
Diese Methode eignet sich auch für Schlehen, Traubenkirschen, Ebereschenbeeren sowie Holunder-, Flieder- und Akazienblüten.

Dampfentsaften
Für ca. 1 l Saft

2 Knollensellerie

Die Köpfe schälen und grob würfen, in einen Dampfentsafter geben und den Saft auffangen. Nach Belieben nochmals durch ein feines Sieb oder Tuch passieren oder sofort wie beim Direktentsaften beschrieben abfüllen und sterilisieren.

Tipp
Aus den ausgedämpften Selleriewürfeln lässt sich mit etwas Crème fraîche und Salz ein herrlich weißes Püree herstellen.

Info
Zum Dampfentsaften eignen sich auch Berberitzen, Trauben, Quitten, Tomaten, Rote Beten, Zwetschgen und Kirschen.

Eisenkrautauszug
Für 1 Glas à 300 ml Inhalt
(Standzeit ca. 24 Stunden)

200 g Eisenkrautblätter
40 g Kandis
Saft von ½ Zitrone

Alle Zutaten in das Glas geben, mit Wasser auffüllen, verschließen und mindestens 24 Stunden im Kühlschrank ziehen lassen. Mit dem Eisenkrautauszug lässt sich auch Mineralwasser erfrischend verfeinern.

Apfel31
Für 1 Glas

3 cl MERWUT
(Wermutwein von Dorst & Consorten aus der Pfalz)
8 cl Apfelsaft
2 cl Eisenkrautauszug
1 cl Zitronensaft
1 Handvoll Eiswürfel
Zesten von ½ unbeh. Zitrone
1 Stängel Eisenkraut

Die Zutaten, bis auf Zitronenzesten und Eisenkraut, auf einigen Eiswürfeln shaken. Dann in ein geeignetes Glas auf Eiswürfel abseihen, mit einigen Eisenkrautblättern und Zitronenzesten garniert servieren.

GURKEN

Es gibt für die meisten unter uns so Rezepte, die eindeutig mit der Kindheit oder der Großmutter verbunden sind. Dazu gehören in unserem Team Erinnerungen an eingelegte Gurken, entweder in Essig mit Dill oder als Senfgurke. Früher gab es auch manchmal auf Wochenmärkten Stände, an denen man die hausgemacht kaufen konnte. Nichts gegen die Gurken aus dem Supermarkt, aber wer den Geschmack selbst eingemachter, womöglich gar selbst geernteter, mal erfahren hat, findet die gekaufte Ware aus dem Regal nicht mehr so spannend.

Als wir anfingen, uns mit dem Anbau von Gurken zu beschäftigen, waren wir zugegebenermaßen etwas ahnungslos und anfangs überfordert mit der Auswahl an Gurken. Zwischenzeitlich haben wir aber entdeckt, dass sich für unsere Essiggurken die Sorte Conny (F1) am besten eignet. Die Früchte werden zwischen sechs und zwölf Zentimeter lang, die Kerngehäuse sind ohne Samen – also perfekt. Wir ernten sie früh, damit sie schön klein und prima auch nur zum Naschen sind (nicht nur für Schwangere!). Für die Senfgurken nehmen wir Riesenschälgurken oder eine andere Schmorgurkensorte. Sie werden ja von Schale und Kernen befreit und in Stücke geschnitten eingelegt.

Unsere Essiggurken kombinieren wir nicht mit Dill. Mit Bohnenkraut, Rosmarin und Knoblauch bekommen sie nämlich ein nahezu mediterranes Aroma, das sehr gut zu Käse passt. Unsere (fast) klassisch eingelegten Senfgurken, die durch einen Hauch Meerrettich veredelt werden, sind ideal zu Schmorgerichten oder aber ganz einfach zu Bratkartoffeln und Spiegelei oder Buletten, quasi typisch Berlin.

Eingelegte Essig- & Senfgurken

Essiggurken

Für 5 Gläser à 1,5 l Inhalt
(Standzeit einige Tage)

1 Zwiebel
4 kg Gurken (Sorte Conny F1, Ernte im Juli)
6 Stängel Bohnenkraut
3 Zweige Rosmarin
1 Knoblauchzehe
2 l Wasser
400 ml Branntweinessig 10 %
160 g Zucker
100 g Salz
60 g Senfkörner

Die Zwiebel schälen und in Würfel schneiden. Gurken waschen und mit einem Schaschlikspieß etwa fünf Mal rundherum einstechen. Die Gurken eng geschichtet in die sterilen Gläser verteilen. Die Kräuter waschen, trocken schütteln und die Stängel bzw. Zweige in Stücke zupfen. Knoblauch schälen und in Scheiben schneiden. Kräuter und Knoblauch mit Wasser, Essig sowie den restlichen Zutaten kurz aufkochen. Anschließend noch heiß über die Gurken gießen. Bei 90 °C ca. 20 Minuten sterilisieren. Vor dem ersten Verzehr am besten einige Tage ziehen lassen. Die Gurken sind dunkel und kühl gelagert etwa 6 Monate haltbar.

Info
WICHTIG: Vor dem Einwecken von jeder Gurke mal probieren, um sicherzustellen, dass keine bittere dabei ist.

Senfgurken

Für 5 Gläser à 1,5 l Inhalt
(Standzeit einige Tage)

5 kg Riesenschälgurken (oder eine andere Schmorgurkensorte)
500 ml Branntweinessig 10 %
400 g Zwiebeln
160 g Salz
200 g Zucker
10 schwarze Pfefferkörner
130 g Senfkörner
2 Lorbeerblätter
etwas frischer Meerrettichabrieb

Die Gurken waschen, schälen und längs halbieren. Das sollte ca. 4 kg ergeben. Die Kerne herauslösen, mit dem Essig mixen und passieren. Zwiebeln schälen und in feine Streifen schneiden. Gurkenhälften in die gewünschte Form schneiden. Mit Salz und Zucker marinieren und etwas „einmassieren". Essig-Kern-Sud mit zerstoßenem Pfeffer und den restlichen Zutaten kurz aufkochen. Die Gurkenstücke eng geschichtet in die Gläser verteilen, mit dem noch heißen Fond übergießen und verschließen. Bei 90 °C ca. 10 – 15 Minuten sterilisieren. Vor dem ersten Verzehr am besten einige Tage ziehen lassen. Die Gurken sind dunkel und kühl gelagert etwa 6 Monate haltbar.

WALNÜSSE

Schwarze Nüsse lernte Michael das erste Mal in Frankreich kennen, als er sie zum Käse serviert bekam. Die fand er geschmacklich extrem lecker, fiel aber um, als er sie in einem Feinkostladen kaufen wollte. Die dunklen Köstlichkeiten sind nämlich leider ziemlich teuer! „Kann man ja auch selbst machen", dachte er sich also. Doch der erste Versuch ging komplett daneben. Man braucht eben Geduld für die perfekte Rezeptentwicklung! Arbeitsintensiv ist die Angelegenheit auch, was unter anderem den Preis für gekaufte „Schwarze Nüsse" erklärt.

Ganz wichtig: unbedingt Handschuhe verwenden, denn die Gerbsäure der Walnüsse ist hartnäckig. Es sei denn, man schätzt es, über Wochen mit schwarzen Händen herumzulaufen. Und ebenfalls wichtig: aufpassen, dass die Handschuhe kein Loch haben! Sonst geht es einem wie Michael, der nach stundenlangem Einstechen jeder einzelnen Nuss feststellte, dass er trotz Handschuhen schwarz gefärbte Finger hatte. Aber der Aufwand lohnt sich allemal. Durch den langen Fermentierungsprozess schmecken die Nüsse vollkommen anders als die „normalen".

Wir sammeln die Walnüsse, wenn sie noch grün sind. Das ist im Allgemeinen in der letzten Juniwoche der Fall, bevor die Nuss ausgebaut ist. Mit einer Schneideprobe lässt sich feststellen, ob die Nüsse den richtigen (Un-)Reifegrad haben. Und dann geht es los: Sind alle Nüsse dreißig bis vierzig Mal mit einer Nadel rundum eingestochen, (Für alle, die sich jetzt fragen: jede einzelne Nuss? Die Antwort lautet: ja, jede einzelne!) werden sie anschließend mit Wasser bedeckt und sechs Wochen lang im Kühlschrank gelagert. Das Wasser muss TÄGLICH gewechselt werden. Wenn es dann endlich soweit ist, kochen wir einen Sud, der mit Zimt, Sternanis, Piment, Fenchel und Nelken sowie Apfelessig – und natürlich Zucker! – aromatisiert wird. Die fermentierten Nüsse müssen mindestens acht Wochen darin durchziehen. Dann schmecken sie einfach nur „mmmmhhhh".

Eingeweckt sind sie übrigens ein Jahr haltbar. Die „Schwarzen Nüsse" lassen sich also auch gut auf Vorrat anlegen, dann lohnt sich der Aufwand. Sie passen zu allerlei warmen Gerichten, sind geeignet in Fleischfarcen oder als Einlage für Terrinen.

Im herz&niere gibt es sie in dünne Scheiben geschnitten zum Käse. Sie eignen sich aber auch als besondere Aromakomponente zu Salaten oder pur zum Snacken. In unserem Rezept servieren wir sie zu karamellisiertem Kopfsalat als leichte Vorspeise oder gern auch als kleines Hauptgericht an heißen Tagen.

Schwarze Walnüsse & karamellisierter Kopfsalat

Schwarze Walnüsse

Für 5 Gläser à 700 ml Inhalt
(Standzeit ca. 14 Wochen)

2 kg unreife Walnüsse
700 g Zucker
1 Prise Salz
1 Zimtstange
400 ml Apfelessig
10 Sternanis
20 g Fenchelsamen
3 Pimentkörner
7 Nelken
1 l Wasser

Die unreifen Nüsse mit einer Rouladennadel jeweils 30–40 Mal einstechen. Dann mit Wasser bedecken und 6 Wochen im Kühlschrank lagern. Dabei täglich das Wasser wechseln. Danach die Nüsse aus dem Wasser nehmen, ca. 5 Minuten in reichlich kochendem Wasser blanchieren und absieben.

Alle Zutaten, bis auf die Nüsse, zu einem Fond kochen. Die Walnüsse einmal darin aufkochen. Alles zusammen randvoll in die sterilen Gläser geben. Bei 90 °C ca. 20 Minuten sterilisieren. Vor dem ersten Verzehr unbedingt mindestens 8 Wochen ziehen lassen, erst dann sind die Nüsse gut aromatisiert. Dunkel und kühl gelagert sind sie 1 Jahr haltbar.

Karamellisierter Kopfsalat

Für 4 Personen

1 Kopfsalat
30 g Zucker
50 ml Wasser
1 Prise Salz
Walnussvinaigrette (s. S. 228)

Kopfsalat putzen, im Ganzen waschen und gut abtropfen lassen.

Eine Pfanne erwärmen und darin den Zucker karamellisieren. Den ganzen Kopfsalat mit dem Strunk nach oben in die Pfanne legen und mit einer Pfanne oder einem Topf beschweren. Ca. 1 Minute karamellisieren lassen. Mit dem Wasser ablöschen, salzen und vom Herd nehmen.

Anrichten

Den Kopfsalat in Blätter zerteilen und auf Teller geben. Die Schwarzen Walnüsse halbieren und anrichten. Alles mit etwas Walnussvinaigrette beträufeln und servieren.

BACHFORELLE

Es soll ja Menschen geben, die keinen Fisch essen, weil er ihnen angeblich nicht schmeckt. Solche Gäste gibt es auch manchmal bei uns im Restaurant. Darunter sind aber durchaus mutige, die sich trauen, bei ihrem Tischnachbar, einen Happen unserer gebeizten Bachforelle zu probieren. Und anschließend sagen: „Also Fisch mag ich nicht, aber diesen hier schon."

Bachforellen mögen's gern kühl, mit ein Grund, warum es sie nicht in südeuropäische Gewässer zieht. In Deutschland stammen die meisten Fische dieser Art aus Zuchtbetrieben. Gelegentlich haben wir Glück und unser „Fischer des Vertrauens" Kurt versorgt uns mit einer wild gefangenen aus den sauerstoffreichen Seen und Flüsse des Berliner Umlands. In jedem Fall nehmen wir immer ganze Exemplare und filetieren sie selbst. Wer sich das nicht zutraut, kann natürlich auch gleich Filets beim Fischhändler seines Vertrauens kaufen. Achten Sie unbedingt darauf, dass das Fleisch fest ist.

Für unsere Zubereitung reiben wir die zarten Filets mit einer Beize bestehend aus Lorbeer, Koriandersamen, Pfeffer, Meersalz und Zucker ein. Bereits nach weniger als einer halben Stunde ist diese so weit eingezogen, dass die Fischfilets sanft aromatisiert sind. Wir erwärmen sie anschließend leicht in etwas Butter und richten sie mit Lindenblütensud und marinierten Knospen an. Die verschiedenen Aromen verbinden sich so zu einer ungewöhnlich harmonischen, ganz und gar nicht „fischigen" Komposition.

Gebeizte Bachforellenfilets & gelierter Lindenblütensud

Für 4 Personen

Lindenblütensud
(Standzeit ca. 6 Stunden)

300 g Lindenblüten
1 Blatt Gelatine
200 ml Wasser
40 g Zucker
1 Prise Salz
1 TL Würzpaste für Gemüsebrühe (s. S. 18), nach Geschmack

Lindenblüten säubern, alle grünen Teile und Stängel entfernen. Die Gelatine in kaltem Wasser einweichen.

Das Wasser mit Zucker und Salz aufkochen. Für einen intensiveren Geschmack die Würzpaste zugeben. Die Lindenblüten ca. 10 Minuten darin ziehen lassen. Die ausgedrückte Gelatine einrühren und darin auflösen. Mindestens 6 Stunden kalt stellen.

Gebeizte Bachforellenfilets

1 Lorbeerblatt
5 Koriandersamen
2 g grüner Pfeffer
65 g Meersalz
15 g brauner Zucker
4 Bachforellenfilets mit Haut (à ca. 100 g)
40 g Butter

Für die Beize Lorbeer, Koriandersamen und grünen Pfeffer in einem Mörser zerstoßen. Mit dem Salz und dem Zucker mischen.

Die Forellenfilets säubern, trocken tupfen und mit der Beize einreiben. Ca. 30 Minuten gekühlt ziehen lassen, dann abspülen und erneut trocken tupfen.

Die Filets in einer Pfanne in der zerlassenen Butter bei mittlerer Hitze zunächst auf der Hautseite braten, dann wenden und fertig garziehen lassen, bis sie glasig sind.

Anrichten
2 Handvoll Lindenblütenknospen
Salz
Rapsöl
Weißweinessig

Die Lindenblütenknospen mit 1 kräftigen Prise Salz, etwas Rapsöl und einem guten Schuss Essig marinieren. Zwei Drittel der Knospen auf Teller verteilen. Je ein lauwarmes Forellenfilet darauf anrichten und mit den restlichen Blütenknospen garnieren. Den gelierten Blütenfond kurz aufmixen, angießen und servieren.

DINKEL

Dieses Getreide ist ja sozusagen ein alter Verwandter des Weizens; angeblich wurde er bereits vor etwa 8000 Jahren in Ägypten angebaut. Aber auch hier in Deutschland war er schon vor Hunderten von Jahren bekannt, lange jedoch in Vergessenheit geraten, im Übrigen genauso wie Einkorn oder Emmer. Seine Renaissance kam erst mit den Biobauern in den 1970ern – Weizen ist nämlich viel weniger aufwendig anzubauen und deutlich ertragreicher.

Auf einmal galt er als gesund und im Gegensatz zu Weizen auch als viel verträglicher. Darüber mögen sich andere streiten. Wir schätzen seinen Geschmack und seine Vielseitigkeit. Man kann mit ihm backen (Brot, Brötchen, Waffeln, Kuchen, Pfannkuchen) oder daraus Nudelteig machen, Flocken für Müesli oder Brei. Er ist perfekt als Beilage, im Salat, in Suppen, sogar als ballaststoff- und eiweißreicher Reisersatz. Dinkelpulver in Wasser gerührt lässt sich sogar als „Milch" trinken. Dinkelsprossen sind ein super Topping für Gemüse oder Rohkost, als Gras ergänzt Dinkel grüne Smoothies, und in Bioläden gibt es inzwischen sogar Dinkelbier sowie -kaffee.

In unserem Rezept stellen wir ihn mal komplett anders vor, nämlich als „Kornotto", gepaart mit knackigen Karotten, Sonnenblumenkernen und reifem Allgäuer Bergkäse. Eingelegte grüne Brombeeren bilden ein frisches und säuerliches Kontrastprogramm zum „getreidigen" Aroma. Den „Allgäuer" bekommen wir, nebenbei bemerkt, von Fritz Lloyd Blomeyer, dem unserer Meinung nach besten Käselieferanten Berlins.

Dinkel-Kornotto & Karotte mit Bergkäse

Für 4 Personen

Eingeweckte Brombeeren

Für 2 Gläser à 200 ml Inhalt
(Standzeit ca. 8 Tage)

300 g unreife Brombeeren
3 EL Salz
150 ml Essig
50 ml Wasser
2 EL Zucker

Die unreifen Brombeeren säubern und nur kurz abbrausen. In ein Glas geben, 2 EL Salz dazu und mit Wasser auffüllen. Im Kühlschrank ca. 24 Stunden ziehen lassen. Anschließend die Früchte herausnehmen und abwaschen. Essig, Wasser, Zucker und das restliche Salz in einen Topf geben und erhitzen. Wenn der Sud kocht, die Brombeeren zugeben, vom Herd nehmen und ca. 1 Minute darin ziehen lassen. Alles in die sterilen Gläser geben und verschließen. Die Brombeeren sollten komplett mit Sud bedeckt sein. Eventuell noch mit etwas heißem Wasser auffüllen. Vor dem ersten Verzehr mindestens 1 Woche im Kühlschrank ziehen lassen.

Tipp

Die eingeweckten Brombeeren geben Gerichten einen echten Frische-Kick. Sie lassen sich vielfältig einsetzen z. B. in Salaten oder zu Ziegenkäse.

Dinkel-Kornotto

2 Schalotten
1 Apfel
2 TL Zitronensaft
4 junge Karotten mit Grün
50 g Butter
500 g geschälte Dinkelkörner
(ungeschälte Körner 24 Stunden in Wasser einweichen)
200 ml Riesling
1 Lorbeerblatt
Salz, Pfeffer aus der Mühle
2 EL Sonnenblumenöl
Zucker
Apfelessig
120 g Sonnenblumenkerne
200 g Bergkäse

Schalotten schälen und in feine Würfel schneiden. Den Apfel ebenfalls schälen, entkernen und fein würfeln. Mit etwas Zitronensaft beträufeln. Die Karotten waschen, falls nötig schälen, das Grün aber nicht vollständig entfernen.

Die Butter in einem Topf erhitzen, Schalotten und Dinkel leicht darin anschwitzen. Mit dem Riesling ablöschen und bei mittlerer Hitze so lange rühren, bis die Flüssigkeit komplett aufgenommen ist. Lorbeer und Apfelwürfel zugeben. Immer wieder unter ständigem Rühren mit ein bisschen Wasser auffüllen, bis der Dinkel gar, aber noch bissfest ist. Lorbeerblatt entfernen, mit Salz und Pfeffer abschmecken.

Die Karotten mit dem Grün in einer Pfanne im heißen Öl rundherum anbraten und bissfest garen. Mit je 1 Prise Salz, Zucker und Pfeffer würzen und mit einem Schuss Essig ablöschen. Die Sonnenblumenkerne in einer Pfanne ohne Zugabe von Fett rösten, danach entweder hacken oder ganz unter den Dinkel heben. Einen Teil des Käses in grobe Stücke brechen, den anderen reiben und unter das Kornotto heben.

Anrichten

4 geröstete geschmorte
Zwiebelhälften
einige Spitzen Karottengrün

Die Karotten auf Teller verteilen. Das Dinkel-Kornotto darüber geben, die Bergkäsestücke und einige eingelegte Brombeeren anlegen. Mit den Zwiebelhälften und Karottengrün garnieren und servieren.

FREILANDHUHN

Es gibt so Küchenklassiker, mit denen vermutlich viele aufgewachsen sind (wir übrigens auch). Darunter finden sich zum Beispiel Hühnerbrühe und -frikassee. Dass dabei ein frisch geschlachtetes Freilandhuhn am besten schmeckt und wir das natürlich auch verwenden, ist vermutlich allen klar, die dieses Buch in der Hand halten.

Unser Geflügel beziehen wir unweit unseres Restaurants von einem Bauern unseres Vertrauens. Auf seinem Hof dürfen die Hühner nach Würmern und Käfern scharren, nach Körnern picken und ihre Tage frei laufend verbringen, bis sie abends vor dem Fuchs in Sicherheit gebracht werden – und irgendwann für unseren Kochtopf die Federn lassen. In unserem Fond verwenden wir ALLES, auch die Karkassen, denn für den vollen Geschmack ist das gesamte Huhn verwertbar. Ein Tipp: bevor die Brühe aufgesetzt wird, alle Hühnerteile für zwanzig Minuten im Backofen rösten. Die dabei entstehenden Stoffe sorgen für eine komplexe Aromastruktur, die wie ein natürlicher Geschmacksverstärker wirken.

Die restlichen Zutaten wie unter anderem Lauch, Sellerie, Karotten und Lorbeer sind klassisch, einzig Nelken und Piment sorgen für einen Hauch mehr exotische Würze. Das Fleisch sollte möglichst über Nacht in der Brühe abkühlen und durchziehen, so bleibt es schön saftig. Der fertige Fond stellt eine der Hauptzutaten des Frikassees, andere sind Spargel, frische Erbsen und Karotten. Der Clou an diesem Rezept ist der Saibling: Der kleine „Cousin" des Lachs' wird kurz in der Pfanne knusprig gebraten und krönt das Hühnerfrikassee. Huhn und Fisch zu kombinieren, ist eine ungewöhnliche Komposition, sorgt jedoch für überraschende Geschmacksmomente.

Frikassee vom Huhn & Saibling

Für 4 Personen

Hühnerfond
(Standzeit über Nacht)

1 Freilandhuhn (ca. 1,5 kg)
2 Stangen Staudensellerie
1 Stange Lauch
2 Karotten
2 Zwiebeln
3 l Wasser
200 ml Weißwein
6 geviertelte Tomaten
2 Lorbeerblätter
10 grüne Pfefferkörner
2 Wacholderbeeren
3 Nelken
4 Pimentkörner

Den Backofen auf 160 °C Umluft vorheizen.

Brüste vom Huhn auslösen, von der Haut befreien und bis zur Weiterverarbeitung kalt stellen. Die Hühnerkarkassen halbieren. Alle Hühnerteile, inklusive der Haut, auf einem Backblech im Ofen ca. 20 Minuten rösten.

Das Gemüse schälen bzw. putzen und in daumendicke Stücke schneiden. Sämtliche Hühnerteile in einen großen Kochtopf mit dem Wasser und Wein geben, mit dem Gemüse, den Tomatenvierteln und den Gewürzen aufkochen. Die Trübstoffe oben abschöpfen. Danach mit geschlossenem Deckel ca. 1½ Stunden bei kleiner Hitze köcheln lassen.

Die Hühnerbrüste zugeben und kurz darin aufkochen. Am besten über Nacht abkühlen lassen, so bleibt das Fleisch schön saftig. Dann die Hühnerteile herausnehmen, die Keulen abtrennen und das Fleisch vom Knochen abzupfen, dann kalt stellen.

Die Brühe durch ein Sieb passieren und auf ca. 500 ml einkochen lassen. Dann warm halten und für das Frikassee beiseitestellen.

Frikassee

1 Bund weißer Spargel
1 Karotte
2 Stangen Staudensellerie
200 g frische Erbsenschoten
100 g Zuckerschoten
80 g Butter
50 g Weizenmehl
3 EL Crème fraîche
1 Stängel Estragon
Weißweinessig
Salz, Pfeffer aus der Mühle

Spargel sowie Karotte putzen, schälen und in Scheiben schneiden. Staudensellerie putzen, ggf. schälen und fein würfeln. Die Erbsen palen. Zuckerschoten schräg halbieren. Alles Gemüse in einem Topf in 30 g zerlassener Butter anschwitzen.

Für die Mehlschwitze die restliche Butter in einem separaten Topf erhitzen und das Mehl einrühren. Mit dem reduzierten Hühnerfond unter ständigem Rühren aufgießen, einmal aufkochen und mit der Crème fraîche binden. Das Keulenfleisch und die Brüste in 1x1 cm große Stücke schneiden und mit dem Gemüse zur Sauce geben. Ca. 5 Minuten darin heiß werden lassen. Estragon waschen, trocken schütteln, Blätter abzupfen und fein hacken. Das Frikassee mit einem Schuss Weißweinessig, Salz, Pfeffer und dem Estragon abschmecken.

Saibling

1 Saibling oder 2 Saiblingfilets
Weizenmehl zum Bestäuben
2 EL Sonnenblumenöl
25 g Butter
Salz

Den Saibling filetieren und die Filets auf der Hautseite leicht mit Mehl bestäuben. In dem heißen Öl auf der Hautseite ca. 2 Minuten knusprig braten. Die Butter zugeben, aufschäumen lassen, die Filets wenden und mit Salz würzen. In Stücke portionieren und sofort anrichten.

Anrichten
essbare Blüten (z. B. Kapuzinerkresse)
1 Frühlingszwiebel, in Ringen

Das Hühnerfrikassee auf Teller verteilen, die Saiblingfiletstücke darauf platzieren, mit den Frühlingszwiebelringen und Blüten garniert servieren.

BLUTWURST

War jemand schon mal in der Normandie? Genauer: in Mortagne-au-Perche? Dieser kleine Ort im Norden Frankreichs ist alljährlich Mitte März Schauplatz eines weltweit einzigartigen Spektakels: Hier in der Hauptstadt der „boudin noir", wie die Blutwurst im Französischen heißt, werden nämlich die Blutwurstritter gekürt. Das ist kein Scherz, sondern tatsächlich blutiger Ernst. 2006 hat sogar ein Berliner Fleischermeister die Goldmedaille abgeräumt und ist seitdem in den französischen Orden aufgenommen. Schon seit rund 3000 Jahren verwursten die Menschen Blut, wie sich bereits in Homers „Odyssee" nachlesen lässt: „Hier sind Ziegenmagen, mit Fett und Blute gefüllet/Die wir zum Abendschmaus auf glühende Kohlen geleget." Krieger waren nämlich überzeugt, der Verzehr von Blut gäbe Kraft. Über Rom gelangte die Blutwurst nach Spanien, dann weiter nach Frankreich; von dort kam sie mit den Hugenotten vor allem ins Rheinland und nach Brandenburg. Anfang der 1960er-Jahre von Feinschmeckern und Fleischermeistern, Köchen und Bürgern von Mortagne-au-Perche gegründet, ist die „Confrérie des Chevaliers du Goûte Boudin", wörtlich übersetzt etwa „Die Bruderschaft der Ritter des Blutwurstgeschmacks", heute eine der renommiertesten Gourmet-Organisationen Frankreichs.

Wir finden zu Recht! Denn eine gute Blutwurst herzustellen, ist eine hohe Kunst, wenn auch preiswert in den Grundzutaten. Das Geheimnis? Um den Berliner Meister zu zitieren: „Es gibt keins." Dennoch, dessen genaues Rezept bleibt unter Verschluss. Wir sind da großzügiger und teilen unseres, das wir im herz&niere entwickelt haben, auf der folgenden Seite. Probieren Sie zu den gebratenen Blutwurstscheiben das rote Zwiebelrelish, servieren Sie dazu ein mit Himbeeressig verfeinertes Kartoffelpüree, und jeder wird wissen, warum die Franzosen in der Normandie sogar Fleischermeister mit einem Ritterschlag adeln.

Hausgemachte Blutwurst & rote Zwiebel

Hausgemachte Blutwurst
Für 6 Stück

4 Zwiebeln
2 Äpfel
5 schwarze Pfefferkörner
2 Nelken
2 Pimentkörner
1 Sternanis
60 g Butter
35 g Salz
40 g grober Senf
30 g feiner Senf
15 g getrockneter Majoran
2 Stängel Petersilie, gehackt
2 Zweige Thymian, gehackt
50 ml Weißweinessig
120 g Semmelbrösel
600 g Schweinebauch, gewolft
1 l frisches Schweineblut
6 Kunstdärme (Kaliber 45)

Zwiebeln und Äpfel schälen. Die Äpfel entkernen und zusammen mit den Zwiebeln in feine Würfel schneiden. Pfeffer, Nelken, Piment und Sternanis mörsern. Apfel- und Zwiebelwürfel in zerlassener Butter in einem großen Topf anschwitzen. Gewürze und restliche Zutaten zugeben, gut miteinander verrühren und abschmecken. Blutwurstmischung in die Kunstdärme füllen, vorher eine Seite mit Küchengarn zubinden. Die Würste gut abbinden und in einem Topf mit reichlich heißem Wasser ca. 2 Stunden ziehen lassen. Nicht kochen, sonst gerinnt das Blut!

Tipp
Statt in Kunstdärme kann die Wurst auch in zwei mit Frischhaltefolie ausgelegte Kastenformen (25 cm Länge) gefüllt werden. Dann in einem Wasserbad im Backofen bei 100 °C Umluft ca. 1½ Stunden garen.

Rotes Zwiebelrelish
Für ca. 300 g

150 g rote Zwiebeln
2 Orangen
100 g Zucker
50 ml Weißweinessig
Salz, Pfeffer aus der Mühle

Die Zwiebeln schälen und in feine Streifen schneiden. Die Orangen filetieren und den abtropfenden Saft dabei auffangen. Zucker in einer Pfanne karamellisieren lassen. Zwiebeln zugeben, kurz anrösten und mit Essig und Orangensaft ablöschen. Mit Salz und Pfeffer würzen, die Orangenfilets zugeben und ca. 5 weitere Minuten einkochen lassen, sodass die Zwiebeln noch bissfest sind. Warm halten.

Kartoffelpüree
Für ca. 1 kg

1 kg mehlig kochende Kartoffeln
Salz
100 ml Milch
100 g Crème fraîche
50 g Butter
Muskatnuss
Himbeeressig, nach Belieben

Die Kartoffeln schälen und in ausreichend Salzwasser gar kochen. Dann abschütten, die Kartoffeln durch eine Kartoffelpresse drücken und etwas ausdampfen lassen. Milch mit Crème fraîche und Butter aufkochen und über die Kartoffeln gießen. Cremig rühren und mit Salz sowie frisch geriebener Muskatnuss abschmecken. Nach Belieben mit einem Schuss Himbeeressig aromatisieren.

Anrichten
Weizenmehl zum Bestäuben
2 EL Sonnenblumenöl

Eine Blutwurst in dicke Scheiben schneiden und die Pelle abziehen. Blutwurstscheiben mit etwas Mehl bestäuben und in einer Pfanne im heißen Öl von beiden Seiten knusprig braten. Das Kartoffelpüree auf Teller verteilen, die Blutwurstscheiben mit dem Zwiebelrelish darauf anrichten.

Tipp
Wer mag, kann dazu noch etwas Grundjus reichen (s. S. 229).

MAULBEEREN

Sie sind rötlich oder glänzend schwarz und schmecken säuerlich-süß. Brombeeren? Auch wenn sie ähnlich aussehen und nur etwas länglicher in der Form sind, Maulbeeren schmecken deutlich saftiger und aromatischer als die weit verbreiteten und bekannten Strauchfrüchte. Sie wachsen zudem an Bäumen, die bis zu 15 Meter hoch werden. Glücklicherweise schmecken Seidenspinnerraupen nur die Blätter, und auf die Bäume klettern zu müssen, um die reifen Früchte zu ernten, bleibt uns auch erspart. Diese lassen sich nämlich einfach herabschütteln, während die unreifen praktischerweise noch hängen bleiben.

Auf Wochenmärkten (und schon gar nicht in Supermärkten) findet man üblicherweise keine Maulbeeren. Sie sind in der Regel zu weich und zu saftig für den Transport. Deshalb müssen sie auch zügig verarbeitet werden. Wir ernten sie im August und finden sie nicht nur zum Naschen super. Wenn sie kurz in der Pfanne in etwas karamellisiertem Zucker geschwenkt und gewürzt werden, passen sie beispielsweise perfekt zu gebackenem Lammhirn, das wir auf der folgenden Seite vorstellen.

Übrigens: Meistens stellt sich wegen der geringen Erntemengen nicht die Frage nach der Aufbewahrung – eingefroren büßen sie ihr Aroma ein. Sie lassen sich allerdings gut trocknen, dann werden sie je nach Sorte sandfarben bis transparent und schmecken fast wie Rosinen.

Maulbeeren & Lammhirn

Für 4 Personen

Lammhirn

4 Lammhirne
Salz, Pfeffer aus der Mühle
Abrieb von ½ unbehandelten Zitrone
Weizenmehl zum Wenden
Butter zum Ausbacken

Die Lammhirne unter fließend kaltem Wasser abspülen und von Blutgerinnseln sowie großen Adern befreien. In reichlich Salzwasser einmal aufkochen und danach bei mittlerer Hitze ca. 8 Minuten garziehen lassen, nicht kochen! In Eiswasser abschrecken und abtropfen lassen. Kurz vor dem Anrichten mit Salz, Pfeffer sowie Zitronenabrieb würzen. In Mehl wenden und andrücken. Danach in reichlich Butter goldgelb ausbacken.

Maulbeersauce

220 g Maulbeeren
1 EL Zucker
Weißweinessig
½ EL Butter
Salz, Pfeffer aus der Mühle

Maulbeeren vorsichtig waschen und auf einem Küchentuch abtropfen lassen.

Einige Maulbeeren zum Dekorieren beiseitelegen. Zucker in einer Pfanne leicht karamellisieren lassen, die Beeren zugeben und mit einem Schuss Essig ablöschen. Die Maulbeersauce mit Butter, Salz und Pfeffer abschmecken.

Anrichten
einige Eiskrautblätter
Rapsöldressing (s. S. 228)

Die Lammhirne halbieren, jeweils eine Hälfte in Scheiben schneiden und alles auf Teller verteilen. Mit den beiseitegestellten Maulbeeren garnieren und mit Maulbeersauce umträufeln. Die gewaschenen Eiskrautblätter mit etwas Rapsöldressing marinieren, dazu anrichten und servieren.

ZICKLEINLEBER

Sebastian „Wastl" Meier, der Ziegenzüchter aus dem Nordosten des Freistaats Bayern, kennt und teilt unsere Einstellung zu Tieren. Wenn Fleisch, dann vom ganzen Tier und nicht nur die Filets. Er ist wie wir recht pragmatisch – „das ist hier schließlich kein Streichelzoo", wird er zitiert, wenn irgendjemand die Zicklein bedauert, die er kurz darauf schlachtet –, aber respektvoll seinen rund 200 Ziegen gegenüber. Die im Übrigen alle ziemlich schräge Namen haben. Franz-Josef ist da noch gängig, Blödi, Banane oder Lady Gaga schon eher nicht. Geschlachtet werden die noch nicht geschlechtsreifen männlichen Exemplare, die „Mädels" behält er, weil sie die Milchlieferantinnen sind. Nebenbei bemerkt ergibt diese Milch einen ganz wunderbaren Ziegenkäse, und Sebastian plant, irgendwann eine eigene Käserei zu eröffnen.

Wenn er also ein Tier schlachtet, bietet er uns auch die Innereien an, die wir natürlich gern nehmen. Eine Delikatesse ist unter anderem die Zickleinleber. Sie lässt sich sehr gut kurz in der Pfanne anbraten. Aber wirklich nur kurz. Innen sollte sie noch rosa sein, sonst wird sie zu trocken. Wir servieren sie mit frischem Friséesalat und roten Zwiebeln. Fast klassisch also, wie die „Berliner Leber" (die allerdings aus Kalb zubereitet wird). Alternativ kann man die Zickleinleber auch sehr fein hacken, mit Eigelb mischen und auf Brot streichen. Die Brotscheiben dann nur noch im Ofen rösten. Zusammen mit einem Glas Weißwein schmeckt das mega als Auftakt, wenn man beispielsweise Gäste bewirtet.

Zickleinleber & Friséesalat mit Heidelbeeren

Für 4 Personen

Leber

400 g Zickleinleber
1 rote Zwiebel
1 Zitrone
20 g Butter
30 g Senfkörner
200 ml Wasser
50 ml Apfelessig
Salz
1 Kopf Friséesalat
200 g Heidelbeeren
100 ml Rapsöl
evtl. Pfeffer aus der Mühle

Die Leber unter fließend kaltem Wasser abspülen, von Haut und Sehnen befreien. Mit Küchenpapier abtupfen, in gleich große Würfel schneiden und kalt stellen.

Zwiebel schälen und in kleine Würfel schneiden. Die Zitrone auspressen. Zwiebelwürfel in der Butter mit den Senfkörnern in einer Pfanne anschwitzen. Mit dem Zitronensaft ablöschen und Wasser sowie Essig zugeben. Mit Salz würzen, ca. 5 Minuten köcheln lassen und anschließend kalt stellen.

Den Salat putzen, die helleren Teile abzupfen, waschen und trocken schleudern. Heidelbeeren waschen, in einem Sieb abtropfen lassen, dann halbieren.

Rapsöl in einer Pfanne erhitzen, die Leberstücke nur kurz darin anbraten, damit das Fleisch in der Mitte rosa bleibt. Anschließend in eine Schüssel geben und abkühlen lassen. Mit der Zwiebelmarinade übergießen und mit den Heidelbeeren und dem Salat vermengen. Eventuell mit Salz und Pfeffer nachwürzen.

Anrichten

einige essbare Blüten (z. B. Malven, Rosenblätter)
einige Rote-Bete-Blätter

Die marinierten Leberstücke, Salat und Heidelbeeren auf Teller verteilen. Mit den Blüten und Rote-Bete-Blättern garniert servieren.

Tipp

Wer keine rosa Leber mag, hackt das Fleisch klein und mischt 2 Eigelbe unter die Masse. Auf Brotscheiben streichen und im vorgeheizten Backofen bei 160 °C Umluft ca. 5–10 Minuten gratinieren. Den Salat dann separat dazu reichen.

ZICKLEIN

Arme-Leute-Kuh. So wurden Ziegen früher etwas abfällig bezeichnet. Längst jedoch ist das Fleisch dieser bockigen Wiederkäuer und ältesten Haustiere überhaupt zur Delikatesse avanciert. Speziell Milchzicklein überzeugen mit ihrem zwischen Wild und Geflügel changierendem Geschmack. Ältere Exemplare schmecken deutlich „strenger" und sind eigentlich nur bei geübten „Ziegenessern" beliebt. Das Fleisch selbst ist sehr fettarm, deshalb raten wir dazu, es nicht zu Kurzgebratenem zu verwenden, sondern eher zu Geschmortem wie in unserem Ragout. Wenn dieses dann über Nacht im Sud abgekühlt, können sich die Fleischstücke schön vollsaugen und bleiben saftig.

Unser Zickleinfleisch stammt von einem Biobauern aus Stockau in der Oberpfalz. Wobei Sebastian Meier nicht nur Ziegen züchtet. Er ist gleichzeitig auch Blechinstrumentenbauer. Wir haben noch nicht herausgefunden, ob es an der Musik liegt, die gelegentlich über den Hof schallt, oder doch eher am guten Futter, das die Ziegen zu fressen bekommen, dass das Fleisch der Jungtiere so extrem gut schmeckt. Klee, frisches Gras, natürlich auch Heu sowie Gersten-, Haferschrot und Ackerbohne (aus eigenem Bio-Anbau) füttert Meier. Einmal im Jahr bekommen Meiers Ziegen Nachwuchs. Die Milchzicklein, darauf lässt der Name ja bereits schließen, erhalten nur die Milch der Muttertiere. Nach acht Wochen werden sie direkt auf dem Hof geschlachtet und zu uns nach Berlin geschickt. Wer glaubt, an so einem Jungtier sei nichts dran, täuscht sich: Keulen, Rücken, inklusive Brust und Hals, Filets und Schulterstücke. Hellrosa, zart und aromatisch. Um so ein einzigartiges Fleisch entsprechend zubereiten zu können, benötigen wir zunächst einen klaren Fond, den wir aus Tomaten gewinnen. Anschließend schmoren wir das Fleisch aus der Keule darin zusammen mit Gemüsewürfeln und Kräutern und lassen es, wie erwähnt, über Nacht durchziehen. Was dazu am besten passt? Wir finden ein fluffiges Kartoffelpüree und knackiger Romanesco, ergänzt durch ein süß-säuerliches Kirschkompott.

Zickleinragout & Tomate mit Gemüse

Für 4 Personen

Tomatenfond
(Standzeit über Nacht)

500 g Tomaten
500 g Kirschtomaten
20 g Salz
30 g Zucker
70 ml Weißweinessig 5 %

Tomaten waschen, die Strünke entfernen, klein schneiden und mit Salz, Zucker sowie Essig würzen. Alles pürieren und ca. 1 Stunde stehen lassen. Durch die Säure klärt sich der Fond von selbst. Über Nacht in einem Küchenhandtuch oder Passiertuch abtropfen lassen. So entsteht ein heller, stark nach Tomate schmeckender Fond.

Helles Zickleinragout
(Standzeit über Nacht)

100 g Karotte
100 g Zwiebeln
100 g Staudensellerie
1 ausgelöste Zickleinkeule
3 EL Sonnenblumenöl
Salz, Pfeffer aus der Mühle
30 g Weizenmehl
Tomatenfond
4 Zweige Thymian
3 Zweige Rosmarin

Den Backofen auf 150 °C Umluft vorheizen.
Karotte, Zwiebeln und Staudensellerie putzen, schälen und in feine Würfel schneiden. Zickleinkeule in mundgerechte Stücke schneiden und im heißen Öl in einem Bräter mit Deckel scharf anbraten. Gemüsewürfel zugeben und anrösten. Nach ca. 10 Minuten mit Salz und Pfeffer würzen und mit Mehl bestäuben. Mit dem Tomatenfond ablöschen und aufkochen. Den Deckel auf den Bräter setzen und ca. 1½ Stunden im Ofen fertig schmoren.
Über Nacht im Kühlschrank auskühlen lassen, so entspannt sich das Fleisch, saugt sich voll und trocknet nicht aus. Am nächsten Tag Thymian und Rosmarin waschen, trocken schütteln, Blätter bzw. Nadeln abzupfen und fein hacken. Das Ragout erwärmen und mit Salz, Pfeffer, Thymian und Rosmarin abschmecken.

Anrichten
Kartoffelpüree (s. S. 92)
einige blanchierte Romanesco- und Blumenkohlröschen
8 halbierte Kirschtomaten
8 gebratene kleine Kräuterseitlinge
9 eingelegte (Berliner) Kirschen
etwas Erbsenkresse

Das Kartoffelpüree auf Teller verteilen. Das Ragout darauf geben und mit Romanesco- und Blumenkohlröschen, Kirschtomatenhälften, Kräuterseitlingen, Kirschen und Erbsenkresse garniert servieren.

HONIG

Wer glaubt, dass sich Honigbienen auf dem Land wohler fühlen als in der Stadt der irrt. Monokulturen und Pestizide machen ihnen das Leben ziemlich schwer. Nicht nur Touristen aus aller Herren Länder stehen also auf Berlin, auch Bienen fliegen auf die Hauptstadt, die als grünste City Europas gilt. 18 Prozent der Fläche besteht aus Wald, es gibt unzählige Parks und Gärten.

Will man der Zahl glauben, so findet man hier 416.000 Bäume, davon 80.000 Linden; 3000 Bienenvölker, betreut von 500 Imkern, schwirren im Sommer um diese herum. Wir haben sie nicht gezählt, vertrauen aber darauf, dass unsere Freunde von „Berliner Honig" wissen, dass dies zutrifft. Deren Mission: „Mehr Bienen in Berlin." Ohne Bienen sähen wir alle nämlich ziemlich alt aus! Das Ziel: Berliner sollen durch den Genuss von Honig aus der Nachbarschaft aufmerksamer der Natur gegenüber werden und lokale Produkte unterstützen, in diesem Fall Honig. Dass er hochwertig ist und super lecker schmeckt, können wir rückhaltlos unterschreiben. Deshalb verwenden wir auch ausschließlich die Erzeugnisse der lokalen Bienen (die uns manchmal auf der Terrasse besuchen). Unseren Honig beziehen wir direkt von einem guten Freund Sören oder wie auf dem Bild von unserem Nachbarn Kay und seinem Bruder Hendrik.

Schon gewusst? So ein fleißiges Völkchen produziert etwa zwischen 10 bis 50 Kilo Honig im Jahr; für ein kleines Glas Honig fliegen die Bienen 300.000 Blüten an und legen dabei 16.800 Kilometer zurück! Mit einem Honig-Frappé samt kostbarer Tonkabohne möchten wir dem Berliner Honig einen würdigen Auftritt ermöglichen. Knusprige Weizen-Pops und Ziegenfrischkäse flankieren genial das köstliche Naturprodukt direkt aus der Stadt.

Honig-Frappé & Ziegenfrischkäse mit Weizen-Pops

Für 4 Personen

Weizen-Pops

100 g Weizenkörner
1 l Wasser
Sonnenblumenöl zum Frittieren

Den Weizen im Wasser ca. 2-3 Stunden sehr weich kochen. Eventuell Wasser nachgießen, wenn es zu schnell verkocht. Anschließend die Weizenkörner in einem Sieb abtropfen lassen und mit Küchenpapier trocken tupfen. Reichlich Öl zum Frittieren erhitzen (190 °C). Die Weizenkörner darin portionsweise kurz aufpoppen lassen. Bitte vorsichtig sein: Das Fett kann spritzen und böse Verbrennungen anrichten. Dann herausnehmen und auf Küchenpapier abtropfen lassen.

Tipp
Um die Weizen-Pops besser aus dem heißen Fett „herauszufischen", den gekochten Weizen in einem Spitzsieb ins heiße Öl halten.

Vanillepudding

½ Tonkabohne
½ Vanilleschote
500 ml Milch
40 g Speisestärke
4 Eigelb
50 g Zucker

Tonkabohne fein reiben und das Mark aus der Vanilleschote kratzen. Beides in die Milch rühren und aufkochen. Speisestärke, Eigelbe und Zucker vermengen, rasch in die kochende Milch rühren. Einmal aufkochen lassen, dann die Puddingmasse in eine Schüssel geben und direkt auf der Oberfläche mit Frischhaltefolie abgedeckt zum Abkühlen in den Kühlschrank stellen.

Fertigstellung Honig-Frappé

300 g selbst gemachter Vanillepudding
3 TL Berliner Honig
20 g Zucker
1 Handvoll Eiswürfel

Kurz vor dem Anrichten alle Zutaten in einem Standmixer fein mixen und sofort in 4 gekühlte Gläser füllen.

Aufgeschlagener Ziegenfrischkäse

200 g Ziegenfrischkäse
etwas Milch
1 TL unbehandelte Zitronenzesten
50 g Zucker
½ Tonkabohne
2 Eiweiß
1 Prise Salz

Den Ziegenfrischkäse mit einem Schuss Milch, Zitronenzesten und 40 g Zucker mithilfe eines Handrührgeräts zu einer homogenen Masse verrühren. Tonkabohne reiben und mit der Frischkäsemasse vermengen.

Eiweiße mit Salz steif schlagen, mit dem restlichen Zucker kurz weiterschlagen und vorsichtig unter die Masse heben.

Anrichten
Honig oder Wabenstücke

Die Honig-Frappés mit Strohhalm und mit einem Klecks aufgeschlagenem Ziegenfrischkäse anrichten. Darauf die Weizen-Pops streuen und mit Honig oder Wabenstücken servieren.

LEINSAMEN

Das ist so eine hübsche Pflanze mit ihren blauen Blüten: Lein. Üblicherweise haben ihre Samen einen gesunden Ruf, dabei können die nussig schmeckenden Leinsamen so viel mehr, als einfach nur übers morgendliche Müesli gestreut zu werden. Das Öl, das sich aus ihnen gewinnen lässt, ist eines der hochwertigsten überhaupt und schmeckt mit seinem Nuss-Aroma lecker in Salaten. Es verfeinert auch Quarkspeisen und so manche Rohkost. Es darf in keinem Fall erhitzt werden, das macht den Geschmack komplett kaputt.

Wir schlagen in unserem Rezept vor, Leinsamen zu Chips zu verbacken und diese anstelle der sonst üblichen Hippen zu verwenden. Die Körner sorgen für den richtigen Crunch und für einen besonderen Kick. Serviert zu selbst gemachtem Sorbet und gezuckerten Beeren sind die Leinsamenchips ein knuspriger Kontrast zu kühlem Schmelz und Süß-Säuerlichem, ein Spiel mit den unterschiedlichen Texturen.

Vor einigen Jahren verursachte importierter Leinsamen übrigens Schlagzeilen, weil er gentechnisch verändert war und auch in Deutschland Chargen davon auftauchten. Zwischenzeitlich gilt dieses Problem als gelöst; um auf Nummer Sicher zu gehen, verwenden wir aber dennoch nur Leinsamen aus Bio-Anbau.

Noch ein Tipp, der zwar nicht zum Sorbet passt, aber inhaltlich zum Thema Leinsamen: Die kleinen Körner lassen sich ganz einfach wie Kresse ziehen. Es dauert nur ein paar Tage, dann sprießt der Samen. Die winzigen grünen Pflänzchen schmecken ausgesprochen gut in Kräuterquark (mit ein bisschen Leinöl verrührt) oder zu einem Salat. Ausprobieren!

Leinsamenchip & Brombeersorbet

Für 4 Personen

Brombeersorbet

Für ca. 500 ml
(Standzeit ca. 12 Stunden)

1,5 Blatt Gelatine
350 g Brombeeren
50 g Wasser
100 g Zucker
Saft von ½ Zitrone
50 g Glukose

Die Gelatine in kaltem Wasser einweichen. Brombeeren vorsichtig waschen, in einem Sieb abtropfen lassen und trocken tupfen. Mit Wasser, Zucker, Zitronensaft und Glukose aufkochen und fein pürieren. Gelatine ausdrücken und in der heißen Masse auflösen. Alles in einen Pacojetbecher geben, auskühlen lassen, verschließen und ca. 12 Stunden einfrieren. Kurz vor dem Servieren einmal pacossieren. Alternativ in einer Eismaschine ca. 1½ Stunden gefrieren.

Leinsamenchip

10 ml Milch
50 g Butter
20 g Glukose
60 g Leinsamen
60 g Zucker
7 g Kakaopulver

Den Backofen auf 175 °C Umluft vorheizen.

Milch, Butter und Glukose zusammen aufkochen. Die restlichen Zutaten einrühren und die Masse dünn auf ein mit Backpapier belegtes Blech streichen. Ca. 5-7 Minuten im Backofen kross backen. Herausnehmen und erkalten lassen. Zum Anrichten in Stücke brechen.

Anrichten

200 g gemischte frische Beeren
20 g Zucker
einige Minzeblättchen

Die Beeren verlesen, waschen, eventuell klein schneiden und mit dem Zucker vermengen. Je eine Nocke Sorbet auf einem Leinsamenchip anrichten und mit den Beeren dekorieren. Mit Minzeblättchen garnieren und servieren.

MIRABELLEN

Mirabellen, die gelben Schwestern der Zwetschgen, schütteln wir zur Erntezeit einfach von den Bäumen und sammeln sie dann auf. Sie wachsen direkt vor den Toren der Hauptstadt bei „unserem" Obstbauern, manchmal sogar direkt in Berlin, wie wir entdeckt haben, schmecken süß-säuerlich und lassen sich sehr gut entsteinen (im Gegensatz zu gelegentlich Zwetschgen oder Pflaumen). Aus ihnen machen wir dann Saft, kochen damit oder backen aus den süßen Früchten einen herrlich saftigen Kuchen. Wem die Mirabellen zu sauer scheinen, kann sie vor dem Backen mit Zucker bestreuen, muss sie aber noch vor dem Belegen abtropfen lassen, weil die Früchte Saft ziehen. Wir geben Rum dazu, weil dessen Aroma gut mit dem der Mirabellen korrespondiert. Der braune Zucker, mit dem wir sie vor dem Backen bestreuen, karamellisiert und überzieht die Früchte hauchzart.

Christoph hatte nach der diesjährigen Mirabellenernte die, wie er fand, geniale Idee, die Früchte MIT Stiel zum Karpfen anzurichten: „Das warme Obst passt vom Aroma gut zum Fisch, soll dann aber auch nach was aussehen." Michael zog also los. Sein Auftrag – komplette Früchte pflücken, mit Stiel. „Und zwar nicht nur ein paar, ich brauche mindestens zwei Kisten", hatte Christoph hinzugefügt. Hat jemand schon mal Mirabellen geerntet? Einfach so, mit Stiel? Geht nicht, stellte Michael fest. Also musste er mit einer Schere ran. Jede einzelne Frucht schnitt er behutsam ab, schleppte die Kisten ins Restaurant, setzte sich anschließend hin, um sie sorgfältig zu entsteinen. Über Stunden. Das „Aufpassen, ich brauche sie im Ganzen" seines Freundes im Ohr. Und das Ergebnis? Die Mirabellen mochten die Hitze nicht, sie wurden matschig, mal abgesehen davon, dass der Stiel nicht zu gebrauchen war! Für ein so exquisites Gericht, wie es Christoph vorschwebte, also nicht geeignet (aber immerhin noch für ein Püree).

Mirabellenkuchen

Für 12 Stücke

Mirabellenkuchen

600 g Mirabellen
1 Vanilleschote
250 g weiche Butter
200 g weißer Zucker
1 TL unbehandelte Zitronenzesten
2 EL Rum
3 Eier
250 g Weizenmehl
1 Messerspitze Backpulver
3 EL brauner Zucker
Butter zum Einfetten
Zucker zum Bestreuen
Puderzucker zum Bestäuben, nach Belieben

Den Backofen auf 170 °C Umluft vorheizen.

Die Mirabellen waschen und entsteinen. Von der Vanilleschote das Mark herauskratzen. Butter, Zucker, Zitronenzesten, Rum und Vanillemark in einer Schüssel mit dem Handrührgerät schaumig schlagen. Die Eier unterrühren und das Mehl mit dem Backpulver durch ein Sieb nach und nach dazu rühren.

Eine Springform mit Butter einfetten, mit Zucker bestreuen, überschüssigen Zucker abklopfen und den Teig einfüllen. Glatt streichen und mit den Mirabellen belegen. Mit dem braunen Zucker bestreuen und im Backofen ca. 30–35 Minuten backen. Dann herausnehmen, auskühlen lassen und in Stücke schneiden. Nach Belieben noch mit Puderzucker bestäuben.

Tipp
Diesen Kuchen kann man auch mit anderen Obstsorten zubereiten. Sollten die Mirabellen sehr sauer schmecken, vor dem Backen mit Zucker marinieren und dann gut abtropfen lassen.

HERBST

SPITZKOHL

Zartes Köpfchen, milder Geschmack. Der kegelförmige Spitzkohl, verwandt mit dem etwas rustikaleren Weißkohl, stammt wohl ursprünglich aus dem Fernen Osten, fühlt sich aber glücklicherweise auch im Brandenburgischen zuhause. Er hat eine lockere Blattstruktur und passt mit seinem feinen leicht senfartigen Aroma in allerlei verschiedene Speisen: gut-bürgerlich als deutsche Kohlroulade, asiatisch angehaucht zu Garnelen und Wasabi, als Salat, in Aufläufen, gebraten oder gedünstet mit Kapern. Ein leckeres herbstliches Tellergericht ist er beispielsweise mit Birne, Speck und selbst geschabten Spätzle.

Generell ist Spitzkohl unkompliziert und rasch gegart, einzig vor der Zubereitung sollte er gründlich gewaschen werden, damit die Erde entfernt wird und es nicht zwischen den Zähnen knirscht.

Saison hat er bis November, zu lange lagern sollte man ihn keinesfalls, höchstens zwei bis drei Tage in ein feuchtes Tuch gewickelt im Kühlschrank. Weil er so schnell verbraucht werden muss, haben wir uns überlegt ihn zu fermentieren. Ganz nebenbei wird der Spitzkohl dadurch auch noch bekömmlicher. Das geht sowohl klassisch im Sauerkrauttopf oder vakuumiert im Beutel. Beides dauert jeweils vier Wochen, bis er so schließlich mit Salz, Zucker und Weißweinessig gut durchgezogen ist. Dazu backen wir ein Brot, das Christoph für die Paleo Convention hier in Berlin kreiert hat. Darin gibt es kein Mehl, aber reichlich Leinsamen, Sonnenblumenkerne und Sesam sowie Eier. Man muss kein Anhänger dieser Ernährungsform sein, aber dieses Brot sollte man einmal ausprobieren – das hat echt was.

Gebraten schmeckt der fermentierte Spitzkohl übrigens ausgesprochen gut zu Karpfen (siehe Rezept Seite 204), passt aber auch genauso gut zu Blutwurst (selbst gemacht!) oder Frikadellen.

Fermentierter Spitzkohl & Paleo-Brot

Für 4 Personen

Fermentierter Spitzkohl
(Standzeit ca. 4 Wochen)

1 Spitzkohl
15 g Salz
15 g Zucker
30 ml Weißweinessig 5 %

Der Spitzkohl kann mithilfe von zwei Methoden fermentiert werden.

Für die Methode im Vakuumbeutel den Spitzkohl putzen, ggf. waschen und in Streifen schneiden. Mit Salz und Zucker würzen und zusammen mit dem Essig in einem geeigneten Beutel vakuumieren. Den Kohl ca. 4 Wochen lang gekühlt durchziehen lassen. Dann herausnehmen und warm oder auch kalt genießen.

Für die Methode im Sauerkrauttopf den geputzten, ggf. gewaschenen und in Streifen geschnittenen Spitzkohl würzen, mit dem Essig vermengen und kneten, bis er Wasser zieht. In einem Sauerkrauttopf (oder einem anderen Gefäß mit Deckel) ca. 4 Wochen gekühlt fermentieren lassen. Dann herausnehmen und warm oder auch kalt genießen.

Sesampaste

1 l Wasser
1 kg Sesamsamen

Wasser und Sesam in einem Topf auf 50 °C erhitzen, dann in einem leistungsstarken Standmixer zu einer feinen Paste mixen. In ein großes Gefäß mit Deckel füllen. Die Sesampaste hält sich gekühlt etwa 8 Wochen.

Tipp
Wer einen Thermomix besitzt, kann Wasser und Sesam direkt darin erhitzen und dann pürieren.

Paleo-Brot
Für 1 Brot
(Standzeit ca. 1 Stunde)

140 g Sonnenblumenkerne
80 g Kürbiskerne
60 g Leinsamen
60 g Sesamsamen
60 g geklärte Butter
1 EL selbst gemachte Sesampaste
2 TL Weinstein-Backpulver
4 Eier
20 g Salz

Den Backofen auf 160 °C Umluft vorheizen. Eine Kastenform (25 cm Länge) mit Backpapier auslegen.

Zunächst 100 g Sonnenblumenkerne und 50 g Kürbiskerne in einem leistungsstarken Standmixer zerkleinern, bis sie zu Mehl verarbeitet worden sind. Dann mit den restlichen Zutaten in einer Küchenmaschine mit Knethaken zu einem glatten Teig vermengen. Den Teig in die vorbereitete Kastenform einfüllen und ca. 1 Stunde gehen lassen. Anschließend im Backofen ca. 30–40 Minuten backen. Mit einem Holzstab prüfen, ob das Brot durchgebacken ist. Zum Auskühlen auf ein Gitter stürzen.

Anrichten
Das Brot in nicht zu dünne Scheiben schneiden und den fermentierten Spitzkohl darauf geben und anrichten.

Tipp
Das Brot passt auch zu vielen anderen Gerichten oder zur Vesper mit Wurst und Käse. Der fermentierte Kohl schmeckt super zu Karpfen statt Weißkohlsalat (s. S. 204).

GELBE WACHSBOHNEN

Obwohl anders in der Farbe, sind Wachsbohnen eine Variation ihrer grünen Verwandten. Allerdings eine besonders zarte. Mit einer ziemlich kurzen Erntesaison im Sommer. Deshalb versuchen wir, reichlich davon zu ernten und kochen sie dann ein. Der Sud, in dem wir sie einwecken, besteht aus Apfelessig, Wasser und Knoblauch sowie Zucker und Zwiebeln. So ordentlich haltbar gemacht, lassen sie sich anschließend bis zur nächsten Wachsbohnensaison aufbewahren.

Sollten Sie Wachsbohnen nicht im Garten oder auf dem Balkon anbauen, sondern kaufen, achten Sie unbedingt auf Frische, die Sie an drei Dingen erkennen können: Die Oberfläche ist ohne braune Flecken, sie lassen sich leicht brechen, ihr Inneres, besonders an der Bruchstelle, ist saftig. Die Intensität der Färbung sagt übrigens nicht unbedingt etwas über den Reifegrad der Gelben Wachsbohnen aus – sie variiert von Sorte zu Sorte. Frische Wachsbohnen lassen sich maximal drei Tage im Kühlschrank aufbewahren. Danach sind sie nicht mehr knackig. Sowohl Hülsen als auch Kerne sind genießbar, allerdings keines davon in rohem Zustand, da sie Phasin enthalten, das für uns Menschen unverträglich ist!

Die Zubereitung von frischen Wachsbohnen ist simpel. Waschen Sie sie erst kurz vor der Verarbeitung, sonst werden die Wachsbohnen fleckig. Die Enden werden einfach abgeschnitten und die Fäden, die gelegentlich an der Bohne entlang laufen können, herausgezogen. Anschließend sollten Wachsbohnen etwa fünf bis zehn Minuten lang gekocht werden. Zusammen mit Bohnenkraut werden sie besonders aromatisch.

Wachsbohnen werden häufig warm als Gemüsebeilage oder kalt als Salat gereicht. Ein Klassiker – immer wieder gern gegessen – sind natürlich Birnen, Bohnen und Speck. Wir servieren unsere eingemachten Bohnen im Winter mit einer Gänserillette und unserer Variante eines „Schüttelbrots" mit Kümmel. Das bringt einen Hauch Sommerduft mit auf den Teller.

Wachsbohne & Stoppelgansrillette mit „Schüttelbrot"

Für 4 Personen

Gelbe Wachsbohnen
Für 6 Gläser à 1,5 l Inhalt
(Standzeit ca. 7 Tage)

5 kg Wachsbohnen
3 mittelgroße Zwiebeln
1 EL Sonnenblumenöl
4 l Wasser
1 l Apfelessig
300 g Zucker
220 g Salz
120 g Senfkörner
3 Knoblauchzehen
10 Stängel Bohnenkraut

Die Bohnen waschen und den Stiel entfernen. In einen Topf mit reichlich Wasser geben, kurz aufkochen, abgießen und in sterile Gläser verteilen.

Zwiebeln schälen und in feine Streifen schneiden. Das Öl in einer Pfanne erhitzen und die Zwiebeln darin glasig anschwitzen. Wasser und Essig mit Zucker, Salz und Senfkörnern aufkochen. Den Knoblauch schälen und fein hacken. Bohnenkraut waschen, trocken schütteln und die Stängel etwas klein zupfen. Zusammen mit Knoblauch und Zwiebelstreifen in den Sud geben. Diesen einmal aufkochen und anschließend über die Bohnen gießen. Bei 90 °C ca. 20 Minuten sterilisieren. Vor dem Verzehr mindestens 7 Tage ziehen lassen.

Stoppelgansrillette
Für 400 g
(Standzeit ca. 12 Stunden)

200 g Gänsekeulenfleisch ohne Knochen von der Stoppelgans
2 Nelken
2 Pimentkörner
1 Lorbeerblatt
2 Wacholderbeeren
10 g Koriandersamen
5–10 g Salz
150 g Gänsefett oder Entenschmalz
50 ml Apfelsaft
Salz, Pfeffer aus der Mühle

Das Fleisch mit Haut in Würfel mit ca. 2 cm Kantenlänge schneiden. Alle Gewürze in einer Pfanne anrösten und danach in einem Mörser grob zerstoßen. Mit den Fleischwürfeln mischen und ca. 12 Stunden lang im Kühlschrank durchziehen lassen.

Anschließend das Gänsefett oder Entenschmalz auf ca. 70 °C erhitzen und mit dem Keulenfleisch vermischen. Alles zusammen in einen geeigneten Beutel geben, vakuumieren und in einem vorgeheizten Wasserbad bei 70 °C ca. 1½ Stunden konfieren. Alternativ in einem Topf bei geringer Hitze ziehen lassen, aber nicht kochen! Dann die Masse aus dem Beutel nehmen und etwas abkühlen lassen. Den Apfelsaft mithilfe eines Handrührgeräts in die lauwarme Masse einrühren. Nach Belieben noch mit Salz und Pfeffer abschmecken. Die Rillette in sterile Gläser füllen und verschließen. Im Kühlschrank aufbewahren. Vor dem Verzehr rechtzeitig herausnehmen und auf Zimmertemperatur bringen.

„Unser Schüttelbrot"
Für 2 Backbleche
(Standzeit ca. 1½ Stunden)

250 g Roggenmehl (Type 1150)
750 ml lauwarmes Wasser
1 Würfel Hefe (42 g)
100 g Dinkelmehl
125 g Weizenmehl
15 g Salz
3 g Fenchelsamen
10 g Kümmelsamen
Sonnenblumenöl oder Trennspray für die Bleche
Weizenmehl zum Bestäuben

Für den Vorteig 100 g Roggenmehl mit 100 ml lauwarmem Wasser und ½ Würfel Hefe in einer Schüssel miteinander verkneten. Die Schüssel mit einem Tuch abdecken und den Teig an einem warmen Ort ca. 1 Stunde gehen lassen.

Nach Ende der Gehzeit die restlichen Zutaten gut unterkneten und nochmals ca. 30 Minuten gehen lassen.

Den Backofen auf 210 °C Umluft vorheizen.

Die Backbleche dünn mit Öl einfetten oder mit Trennspray besprühen und leicht mit Mehl bestäuben. Den Teig dünn auf die Bleche streichen und im Backofen ca. 20–30 Minuten kross backen. Dann herausnehmen, von den Blechen lösen und auskühlen lassen.

Anrichten
einige Spitzen Karottengrün

Das Schüttelbrot in Stücke brechen und mit etwas Stoppelgansrillette bestreichen. Die Wachsbohnen in Stücke schneiden und darauf anrichten.

Tipp
Die Wachsbohnen schmecken auch toll als Salat dazu. Einfach mit unserem Rapsöldressing von Seite 228 marinieren und servieren.

KÜRBIS

In unserer Kindheitserinnerung gab es Kürbis eigentlich nur in einer Form: süß-sauer eingelegt. Was sich alles daraus machen lässt, wie viele verschiedene Sorten es gibt, das haben wir erst sehr viel später gelernt, Vickys Mutter sei Dank! Sie züchtet nämlich in der Steiermark Kürbisse und ist die absolute Expertin. Mal abgesehen davon, dass sie uns mit dem besten Kürbiskernöl überhaupt versorgt. Und ganz nebenbei auch noch mit Saat für Ölkürbisse, die wir jetzt auf unserem Acker selber ziehen (dass man die nicht essen darf, hätten wir allerdings gern gewusst, bevor wir die für die Aussaat bestimmten Kerne probiert haben, waren sie doch mit einem Mittel gegen Schädlinge behandelt … uns ist aber zum Glück nichts passiert und das rote Puder ist für den Menschen ungefährlich).

Zucchini ist übrigens ebenfalls eine Kürbissorte, gehört aber zu den sogenannten Sommerkürbissen. Wir bauen auf unserem Acker prächtig anzusehende Winterkürbisse an, allerdings nicht die, die sich zu Halloween in eine Laterne verwandeln. Muskat-, Butternut und Ölkürbis sind deutlich aromatischer und dankbare Gesellen in der Küche, weil sie nur entkernt werden müssen. Schälen entfällt. Die Kerne trocknen und rösten wir – sie sind das ideale Topping auf Salaten oder Suppen oder eben zu Kürbisgerichten aller Art.

Kürbis ist unserer Ansicht nach ein Gemüse für jeden. Egal, ob als Vorspeise, Snack, als Suppe oder Ofengericht, als eigener vegetarischer Hauptgang oder als Beilage. Das Fruchtfleisch hat ein nussiges Aroma, so ähnlich wie Maronen und eine stabile Konsistenz. In unserem Rezept wollten wir eine komplette Speise ohne Fleisch, aber dennoch mit einer intensiven Sauce. Deshalb haben wir uns überlegt, aus dem Kürbis eine dunkle Jus zu kochen. Diese Reduktion reichen wir zu im Backofen gegartem und leicht geröstetem Butternut. Und um der Kindheitserinnerung an eingelegten Kürbis Genüge zu leisten: Den gibt es auch bei uns, nur etwas aufregender. Süß-würzig mit Schalotten, Piment d'Espelette, Koriander, Anis, grünem Pfeffer und Honig. Alles zusammen auf dem Teller – das ist Herbst pur!

Kürbis eingelegt, geschmort & gekocht

Für 4 Personen

Eingelegter Ölkürbis
Für 1 Glas à 580 ml
(Standzeit ca. 7 Tage)

250 g junger Ölkürbis
(Kerne sollten nicht voll
ausgewachsen sein,
alternativ Hokkaido)
1 Schalotte
1 Lorbeerblatt
½ TL Piment d'Espelette
½ TL Koriandersamen
½ TL Anissamen
5 grüne Pfefferkörner
1 EL Honig
20 ml Weißweinessig

Den Kürbis schälen und mit den
Kernen in mundgerechte Würfel
schneiden. Schalotte schälen
und fein würfeln. Die Gewürze
in einem Mörser fein mahlen.
Honig in einem Topf leicht karamellisieren und die Schalottenwürfel darin schwenken.
Kürbiswürfel zugeben und kurz
anbraten. Mit Essig ablöschen
und die Gewürze untermengen.
Alles in ein steriles Glas füllen,
verschließen und bei 90 °C
ca. 15 Minuten sterilisieren.
Dann auskühlen lassen und vor
dem Verzehr ca. 7 Tage ziehen
lassen.

Kürbisjus

ca. 500 g Muskatkürbis
6 Schalotten
1 Knoblauchzehe
1 Karotte
2 EL Sonnenblumenöl
1 EL Fenchelsamen
30 g Tomatenmark
300 ml Rotwein
2,5 l Wasser
50 ml Kürbiskernöl
Salz

Den Kürbis waschen, trocken
reiben und zunächst vierteln.
Kerne herausschälen, diese für
die gebrannten Kürbiskerne
beiseitestellen, und dann den
Kürbis grob würfeln. Schalotten
und Knoblauch schälen und
würfeln. Karotte putzen, schälen und klein schneiden. Das Öl
in einem Bräter erhitzen und
die Kürbiswürfel darin anbraten. Fenchelsamen und Tomatenmark zugeben und kurz anrösten. Schalotten, Knoblauch
und Karotte unterrühren, kurz
mitrösten und mit dem Rotwein
ablöschen. Wenn der Rotwein
verkocht ist, mit dem Wasser
auffüllen und ca. 1 Stunde leicht
köcheln. Danach durch ein feines Sieb passieren und die auf-
gefangene Flüssigkeit auf etwa
ein Drittel reduzieren. Mit dem
Kürbiskernöl aufmixen, mit Salz
abschmecken und warm halten.

Geschmorter Butternut-Kürbis

½ Butternut (ca. 400 g)
1 TL Würzpaste für Gemüsebrühe (s. S. 18)
30 g Butter

Den Backofen auf 180 °C Umluft
vorheizen.

Den Kürbis entkernen und mit
der Würzpaste bestreichen.
Butter in Flocken darauf geben
und für ca. 15–20 Minuten im
Backofen garen. Das weiche
Kürbisfleisch herausschälen, in
Würfel schneiden und warm
halten.

Gebrannte Kürbiskerne

45 g Zucker
15 ml Wasser
Salz
150 g Kürbiskerne

Zucker und Wasser auf 108 °C
erhitzen. Mit 1 Prise Salz würzen
und die Kürbiskerne einrühren.
Den Zucker auskristallisieren
lassen, dabei ständig umrühren.
Vorsicht, das Ganze darf nicht
heißer als 130 °C werden! Dann
auf ein mit Backpapier ausgelegtes Blech geben, die Kerne
etwas verteilen und kalt werden
lassen.

Anrichten
4 Kürbisblüten
einige Spitzen Karottengrün

Den eingelegten Kürbis auf Teller verteilen und die geschmorten Butternutwürfel daneben
platzieren. Großzügig mit der
Kürbisjus umträufeln und mit
den gebrannten Kürbiskernen
bestreuen. Je eine Kürbisblüte
anlegen, mit Karottengrün garnieren und servieren.

MÜLLER-THURGAU-WEINTRAUBEN

Traube ist nicht gleich Traube. Weinkenner wissen das sowieso. Aber dass Tafeltrauben völlig anders schmecken als eine echte Weintraube, aus der auch Wein gekeltert wird, ist nicht allen bekannt. Wir verdanken diese Erkenntnis dem glücklichen Umstand, dass Michael lange genug im Restaurant Bareiss in Baiersbronn unter Sommelier Jürgen Fendt gearbeitet hat. Der wiederum hatte sich mit seiner Frau selbst Weinberge gekauft und gepachtet. Michael hat dort viel Zeit verbracht und mitgeholfen bei der Lese. Seitdem er frische Weintrauben vom Rebstock genascht hat, isst er jedenfalls keine Tafeltrauben mehr, die aus dem Supermarkt stammen. Bei Fendts wächst Müller-Thurgau, neben Riesling und Spätburgunder, eine gelbliche, schwarzgepunktete Traube mit dünner Schale, mild und dennoch intensiv im Geschmack mit einer leichten Muskatnote, knackiger Säure und mittelfestem Fruchtfleisch. Diese Weinbeeren sind ein Klassiker. Ihren Namen verdanken sie ihrem Züchter Hermann Müller aus dem Schweizer Kanton Thurgau. Die Reben sind anspruchslos hinsichtlich Standort und Boden. Alles, was sie brauchen, ist Sonne, allerdings auch milde Winter, weil sie relativ frostanfällig sind. Deshalb wachsen die Trauben bedauerlicherweise nicht vor unserer Haustür, sondern bei Jürgen und Maren Fendt in Neuweier bei Baden-Baden, von denen wir sie direkt beziehen.

Wir benötigen die Trauben beispielsweise für eine Sauce, die außer Müller-Thurgau noch aus Brühe sowie Salz und Pfeffer zubereitet wird. Diese reichen wir zu gebratenen Knödeln. Aber nicht irgendwelchen. Unsere bestehen in diesem Fall unter anderem aus Schweinemilz, Schalotten, Eiern und selbst gebackenem Malzbrot sowie natürlich – fruchtigen Müller-Thurgau-Trauben.

Gebratener Malzbrot-Milzknödel & Traubenfond

Für 4 Personen

Malzbrot-Milzknödel
(Standzeit ca. 30 Minuten)

300 g vorgeputzte Schweinemilz
Salz
2 Schalotten
50 g Butter
200 ml Milch
Muskatnuss
4 Eier
120 g Trauben (Sorte Müller-Thurgau)
170 g getrocknetes Malzbrot (s. S. 30)

Schweinemilz in leicht gesalzenem Wasser ca. 1 Stunde garen und im Kochwasser im Kühlschrank auskühlen lassen. Danach herausnehmen und in kleine Würfel schneiden.

Die Schalotten schälen und fein würfeln. Die Butter in einem Topf erhitzen und die Schalottenwürfel darin anschwitzen. Milch, 10 g Salz und frisch geriebene Muskatnuss zugeben, dann den Topf vom Herd nehmen und abkühlen lassen. Wenn die Milch nur noch lauwarm ist, die Eier trennen und die Eigelbe mit einem Pürierstab untermixen.

Die Trauben waschen und von den Stielen zupfen. Das Malzbrot in grobe Würfel schneiden, mit der Milz und den Trauben mischen. Mit der lauwarmen Eiermilch übergießen und ca. 30 Minuten ziehen lassen. Wenn die Masse erkaltet ist, das Eiweiß steif schlagen und unterheben. Jeweils ein Drittel der Masse zunächst in Frischhaltefolie zu einer Rolle von ca. 4 cm Durchmesser wickeln und danach in Alufolie verpacken, sodass 3 Rollen mit demselben Durchmesser entstehen. In einem großen Topf in köchelndem Wasser ca. 20 Minuten garziehen lassen. Damit die Knödelmasse gleichmäßig stockt, die Rollen mit einem Teller beschweren. Bis zum Anrichten in der „Verpackung" auskühlen lassen.

Traubenfond

400 g Trauben (Sorte Müller-Thurgau)
Salz, grüner Pfeffer aus der Mühle
Zucker
1 l Geflügelfond (s. S. 229)

Trauben waschen und von den Stielen zupfen. Einige für die Dekoration beiseitelegen. Die restlichen mit Salz, grünem Pfeffer und Zucker mit einem Stabmixer pürieren und ggf. durch ein Sieb streichen. Den Traubensud mit dem Geflügelfond lauwarm erhitzen.

Anrichten
50 g Butter
einige rote Kresseblättchen

Die Knödelrollen in ca. 1,5 cm dicke Scheiben schneiden. Die Butter in einer Pfanne zerlassen und die Knödelscheiben von beiden Seiten knusprig braten. Den lauwarmen Traubenfond anrichten, die Scheiben darin platzieren, die übrigen Trauben darüber verteilen und mit Kresseblättchen garniert servieren.

Tipp
Die Knödel lassen sich sehr gut schon am Vortag vorbereiten. Dann haben Sie keinen Stress, wenn dieses Gericht Bestandteil eines mehrgängigen Menüs ist. Da sich auch der Geflügelfond auf Vorrat kochen lässt, können Sie die Traubenbrühe ebenfalls erst kurz vor dem Servieren fertigstellen.

KARTOFFELN

Wohl kaum ein Gemüse landet so oft in Deutschland auf dem Teller, wird gebacken, gebraten, gestampft, gekocht, als Salat serviert oder als Püree. Die Rede ist natürlich von der Kartoffel. Eine der beliebtesten Sorten ist „Linda": festkochend, aromatisch, appetitlich gelb. Und um ein Haar nicht mehr im deutschen Handel erhältlich. Nur einem findigen Landwirt aus Niedersachsen ist zu verdanken, dass die Lieblingskartoffel unseres Restaurants (und im Übrigen der meisten Deutschen) weiterhin mit Genuss gegessen werden kann. Der hatte nämlich die Wiederzulassung beantragt, nachdem das Verfügungsrecht dieser speziellen Sorte nach drei Jahrzehnten geendet hatte. Denn damit eine Kartoffel angebaut und gewerblich vertrieben werden darf, muss sie ordnungsgemäß in der Sortenliste des Bundessortenamtes (ja, das gibt es tatsächlich!) eingetragen sein. Es hat ein bisschen gedauert, aber seit Ende August 2009 kann Linda nun glücklicherweise wieder von deutschen Bauern wie Werner Mette in Rudow angebaut werden. Bei ihm ernten wir ab September immer sonntags unsere eigenen Kartoffeln, die wir anschließend in unserer Küche – wie für dieses Rezept – in Krapfen verwandeln, verfeinert mit Majoran und Blutwurst (natürlich selbst gemacht, siehe Seite 92). Die köstlichen Knollen sind mit dem Aprikosen-Eichblattsalat eine ziemlich unkomplizierte Speise, die sich auch als kleine Vorspeise für viele geladene Gäste eignet.

Der einzige Nachteil: Linda mag nicht besonders lange gelagert werden, dann wird sie mehlig im Geschmack. Für uns ist das allerdings kein Problem. Weil sie so gut schmeckt, bewahren wir sie ohnehin nicht über Monate auf.

Kartoffel-Krapfen mit Blutwurst & Majoran

Für 4 Personen

Krapfen
Für ca. 20 Stück

150 g Kartoffeln (Sorte Linda)
Salz
2 Stängel Majoran
50 g Blutwurst (s. S. 92)
125 ml Wasser
25 g Butter
75 g Weizenmehl
2 Eier
Sonnenblumenöl zum Frittieren

Die Kartoffeln schälen, grob würfeln und in ausreichend Salzwasser garen. Dann abschütten und etwas ausdampfen lassen. Majoran waschen, trocken schütteln, Blätter abzupfen und fein hacken. Die Blutwurst sehr fein würfeln. 10 g Salz, das Wasser und die Butter in einer großen Pfanne erhitzen und das Mehl einrühren. Die Masse wie einen Brandteig abbrennen. Anschließend in einer Küchenmaschine mit der Bischofsmütze (stabiler Haken zwischen Knethaken und Schneebesen), alternativ mit einem Handrührgerät mit Knethaken kneten. Nach und nach die Eier zugeben. Die gekochten Kartoffeln dazupressen und unterkneten.

Den Kartoffelteig in zwei Hälften teilen. Unter die eine Hälfte den Majoran und unter die andere die Blutwurst heben.

Reichlich Öl zum Frittieren auf 160 °C erhitzen. Mit 2 Löffeln jeweils Nocken abstechen und portionsweise im heißen Öl goldgelb ausbacken. Auf Küchenpapier abtropfen lassen und warm halten. Ggf. nachsalzen.

Eichblattsalat

100 g Eichblattsalat
½ Schalotte
50 getrocknete Aprikosen
50 ml Apfelsaft
20 g Butter
Salz, Pfeffer aus der Mühle
Apfelessig

Eichblattsalat putzen, in mundgerechte Stücke zupfen, waschen und trocken schleudern. Schalotte schälen und fein würfeln. Aprikosen ebenfalls fein würfeln und im Apfelsaft einmal aufkochen. Die Butter in einer Pfanne erhitzen und die Schalottenwürfel sowie den Eichblattsalat darin scharf anbraten. Mit der Aprikosenflüssigkeit ablöschen und mit Salz, Pfeffer sowie einem Spritzer Apfelessig abschmecken. Die Aprikosenwürfel unterheben.

Anrichten
1 Stängel glatte Petersilie

Die Kartoffelkrapfen auf Teller verteilen, mit dem Salat anrichten, mit Petersilienblättern dekorieren und sofort servieren.

MINI-ÄPFEL

Apfelbäume kennen selbst Großstädter – hoffen wir zumindest. Für alle, die unsicher sind: Das sind die Bäume, die Ende April, Anfang Mai über und über mit kleinen rosaweißer Blüten bedeckt sind. Und aus denen sich, so die (Berliner) Bienen sie bestäuben, dann in den nächsten Monaten die köstlichen Äpfel entwickeln. Angeblich gibt es über 2000 Apfelsorten – schaut man sich jedoch im Supermarkt um und nicht nur dort, selbst auf Wochenmärkten – scheint es nur die üblichen bekannten Sorten zu geben, die möglichst ansehnlich daher kommen müssen. Die Farben sagen übrigens nichts über die Qualität aus, sie sind nämlich angezüchtet. Ein richtig guter Apfel duftet am Stiel intensiv, muss aber nicht zwangsläufig auch makellos aussehen. Manche Sorten kann man bis in den Spätwinter hinein in kühlen Kellern aufbewahren. Aber wer macht das noch, wo es doch frische Äpfel rund ums Jahr zu kaufen gibt? Dann kommen sie zwar von der südlichen Hälfte der Weltkugel, gelegentlich aber auch aus den Lagerhallen der heimischen Apfelbauern. Es gibt sie fein-säuerlich, fruchtig-würzig und süß-saftig.

Ursprünglich war der Apfelbaum übrigens gar kein heimisches Gehölz, sondern aus Asien, lancete aber bereits im Mittelalter in hiesigen (Kloster-)gärten. Er wird in der Regel nur mittelhoch, maximal 15 Meter, kommt aber auch in kleiner Form und als Spalierobst vor.

Die Statistik spricht dafür, dass Äpfel das Lieblingsobst der Deutschen sein sollen. In jedem Fall sind sie Geschmackssache. Wir sammeln unsere Mini-Äpfel in Rudow, etwa Anfang September, weil sie zu dieser Zeit die für uns perfekte Balance zwischen Süße und Säure haben. Das ist übrigens keine eigene Sorte, es sind vielmehr wilde Äpfel, die einfach nicht so groß werden. Das Kerngehäuse ist deshalb klein, hell und so zart, dass es mitgegessen werden kann. Deswegen wecken wir die „Winzlinge" komplett ein; statt Apfelsaft nehmen wir gern beispielsweise Holundersaft, das färbt sie intensiv rot, wenn sie im Sud durchziehen. Mit Schokolade überzogen sind sie auch optisch ein schönes Dessert. Nicht minder gut sind sie in Kombination mit herzhaft-würzigem Sellerie wie in unserem Rezeptvorschlag und dem scharf angebratenen Kalbsbries.

Kalbsbries mit Selleriepüree & Mini-Äpfeln

Für 4 Personen

Mini-Äpfel
Für 1 Glas à 800 ml Inhalt

300 g Mini-Äpfel mit Stiel
300 ml Apfelsaft
200 ml Apfelessig
1 Nelke
1 Wacholderbeere
5 g Salz
100 g Zucker

Die Mini-Äpfel waschen, ggf. schälen und in das sterile Glas geben. Für den Fond Saft, Essig und Gewürze aufkochen. Die Mini-Äpfel mit dem heißen Fond bis zum Rand übergießen und das Glas verschließen. Bei 90 °C ca. 8 Minuten sterilisieren. Dann auskühlen lassen.

Kalbsbries
(Standzeit ca. 3½ Stunden)

500 g Kalbsbries
Salz
2 EL Sonnenblumenöl
40 g Butter
Apfelessig

Das Bries für ca. 1½ Stunden wässern. In reichlich Salzwasser ca. 30 Minuten köcheln, vom Herd nehmen und 2 Stunden in der Flüssigkeit ziehen lassen. Das Bries von Fett und Adern säubern. Kurz vor dem Anrichten das Kalbbries in Stücke schneiden. Das Öl in einer Pfanne erhitzen und die Kalbsbriesstücke darin scharf anbraten. Die Butter zugeben, das Bries darin schwenken, mit Salz würzen und mit einem Schuss Essig verfeinern.

Selleriepüree

1 Knollensellerie mit Grün
Salz
100 g Crème fraîche
Salz
Zucker
Apfelessig

Sellerie putzen und schälen, das Grün und die Schalen für den Selleriesud aufbewahren, und den Sellerie grob würfeln. Die Selleriewürfel in ausreichend leicht gesalzenem Wasser weich garen. Anschließend abgießen, das Kochwasser dabei für den Sud auffangen. Gegarten Sellerie noch heiß mit Crème fraîche, etwas Salz, 1 Prise Zucker und einem Spritzer Essig in einem Standmixer zu einem Püree mixen.

Selleriesud

½ Grün vom Sellerie
50 ml Apfelsaft
4 g Salz
Rapsöl
Apfelessig

Die Schalen vom Sellerie gründlich waschen und im Kochwasser der Selleriewürfel ca. 1 Stunde köcheln lassen. Anschließend pürieren, durch ein Sieb passieren und den aufgefangenen Schalensud auf 150 ml reduzieren. Das Selleriegrün waschen, grob klein schneiden und entsaften. Mit Schalensud, Apfelsaft und Salz aufmixen sowie mit je einem Schuss Rapsöl und Essig abschmecken.

Anrichten
Apfelessig, nach Belieben
8 feine Sellerieblätter

Das Selleriepüree auf Teller verteilen. Den Selleriesud vorsichtig angießen. Das Kalbsbries darauf verteilen, je 1 ganzen und 1 halbierten Mini-Apfel platzieren. Nach Belieben mit Apfelessig besprühen und mit Sellerieblättern garniert servieren.

ZWETSCHGEN

Dass Zwetschgenzeit ist, merkt man spätestens, wenn ab Ende August, Anfang September die Wespen in den Bäckereien die Kuchentheken umschwirren. Wer wollte es ihnen verdenken? Die blau-lila Dinger sind bei vielen begehrte Spätsommerfrüchte und der Klassiker für einen leckeren Blechkuchen. Einer der Brüder Michaels hat am 30. August Geburtstag, und die Jungs hatten also das Glück, zu der Zeit den ersten Zwetschgenkuchen – den besten der Welt nach Michaels Meinung – von ihrer Mutter gebacken zu bekommen, mit Butterstreuseln und Karamell, bis heute übrigens eine Familientradition. Auch Christoph gerät ins Schwärmen, wenn er sich an Oma Marias Knödel erinnert, die in großen Mengen zubereitet wurden: ganze Zwetschgen mit Stein in Hefeteig gerollt und vor dem Servieren in Zucker gewälzt. Über zwei Tage aßen alle Verwandten sämtliche Knödel auf. Am Ende wurden die Steine gezählt, um zu schauen, wer am meisten gegessen hatte.

Im herz&niere gibt es wilde Zwetschgen, die das Team sammelt. Sie sind kleiner und aromatischer als die großen Exemplare von „richtigen" Obstbäumen. Die Kreation für Kalbsniere süß-sauer legt nahe, sie mit Zwetschgen abzurunden, da sie bereits von Natur aus diese Geschmackskomponente mitbringen und so perfekt diesen bekannten Küchenklassiker aufpeppen. Wir variieren diese Aromen zusätzlich mit Kräutern und Gewürzen zu einem etwas anderen „Kompott", also eine Art „Berliner Umeboshi".

Ob eingemacht, gebacken oder gebraten – aus Zwetschgen lassen sich Süßes und Herzhaftes zaubern. Ihr fruchtiger, aromatischer Geschmack gibt zahlreichen Speisen einen speziellen Kick. Das selbst gemachte Mus beispielsweise ist perfekt zum Hefezopf (siehe Seite 170) oder für Zwetschgenknödel nach dem Rezept von Christophs Großmutter.

Herzhafte Zwetschgen & Kalbsniere

Für 4 Personen

Herzhafte Zwetschgen

200 g Zwetschgen
(alternativ Pflaumen)
1 Schalotte
30 g Zucker
2 Zweige Thymian
1 Stängel Petersilie
Weißweinessig
Salz, Pfeffer aus der Mühle

Die Zwetschgen waschen, entsteinen und achteln. Schalotte schälen und fein würfeln. Den Zucker in einer Pfanne leicht karamellisieren lassen und die Zwetschgen darin schwenken. Kräuter waschen, trocken schütteln, Blätter abzupfen und fein hacken. Mit den Schalottenwürfeln zugeben und mit einem Schuss Essig ablöschen. Mit Salz und Pfeffer abschmecken und warm halten.

Kalbsniere
(Standzeit ca. 30 Minuten)

1 Kalbsniere (ca. 250 g)
2 Zwiebeln
2 EL Sonnenblumenöl
300 ml Rotwein
Weißweinessig
1 Lorbeerblatt
Weizenmehl zum Bestäuben
50 g Butter
1 EL Crème fraîche
Salz, Pfeffer aus der Mühle
Zucker

Kalbsniere von Fett und Harnröhren befreien und mindestens 30 Minuten in kaltes Wasser legen. Zwiebeln schälen und in feine Würfel schneiden. 1 EL Öl in einer Pfanne erhitzen und die Zwiebeln darin anschwitzen. Mit Rotwein und 150 ml Essig ablöschen, Lorbeer zugeben und die Flüssigkeit auf 150 ml reduzieren.
Die Niere aus dem Wasser nehmen, trocken tupfen und in feine Scheiben schneiden. Restliches Öl in einem Topf erhitzen, die Nierenscheiben scharf darin anbraten und mit Mehl bestäuben. Reduzierten Fond, Butter und Crème fraîche einrühren und einmal aufkochen. Achtung: brennt schnell an! Mit Salz, Pfeffer, 1 Prise Zucker und einem Spritzer Essig abschmecken.

Anrichten
1 kleiner Kopf Endiviensalat

Den Salat putzen, in grobe Stücke zupfen, waschen und gut trocken schleudern. Die Nierenscheiben mit der Sauce auf Teller verteilen. Die Zwetschgen anrichten, die rohen Endivienblattstücke anlegen und servieren.

LAMMZUNGE

Das Fleisch vom Lamm ist eine Sorte, bei der man schmecken kann, was das Tier zu Lebzeiten gefressen hat. Salzwiesenlämmer aus Eiderstedt in Schleswig-Holstein beispielsweise haben ein ganz anderes Aroma als solche, die auf Weiden in Mecklenburg-Vorpommern groß werden. Die Lämmer vom Müritzhof, knapp eineinhalb Stunden von Berlin entfernt, wachsen auf rund 200 Hektar Öko-Weideland auf und fressen würziges Moorland-Gras. Ganz ohne gentechnisch verändertes Kraftfutter, ohne Hormone und Antibiotika. Die Tiere sind robust und nahezu die gesamte Zeit auf der Weide. Geschlachtet werden sie direkt auf dem Hof und ebenfalls dort zerlegt. Das Fleisch schmeckt mild-würzig und saftig-zart. Neben Rücken, Keulen, Schultern, Nacken und Lachsen wenden wir uns gern einem Fleischstück zu, das in der Regel in der Küche gern „vergessen" wird. Etwas, das man heute nur noch selten findet, das aber eine besondere Delikatesse ist: Lammzunge. Sie weist ein sehr feines Muskelfleisch auf. Ganz wichtig ist allerdings, auf die Frische zu achten, wenn man sie kauft – für uns weniger ein Problem, da wir sie direkt vom Züchter bekommen. Die Zungen müssen glänzend schimmern, die Oberfläche sollte leicht feucht sein. Nach dem Kochen oder Schmoren muss die Haut, die das Fleisch umgibt, mit einem scharfen Messer entfernt werden.

Im herz&niere ist es uns auch ein Anliegen, dass unsere Gäste sehen, was sie essen. Wir bereiten die Lammzunge also wie einen Sauerbraten zu, das heißt wir legen sie sechs Tage in einen Essigfond und garen sie darin. Sie wird längs aufgeschnitten serviert, damit man ihre ursprüngliche Form auch erkennt. Als passende Begleiter auf dem Teller haben wir uns eine kalt gerührte Holunderbeersauce einfallen lassen sowie ein Kartoffel-Lauch-Gemüse. Die süß-säuerlichen Beerenaromen umspielen das sauer marinierte Fleisch, das würzig-milde Gemüse greift dessen Geschmacksnoten harmonisch auf.

Alternativ kann man die Lammzunge auch in Salzwasser kochen, anschließend fein panieren und ausbacken. Mit Salz und Pfeffer gewürzt ist sie eine perfekte Beilage zu frisch gepflücktem Feldsalat mit einer leichten Vinaigrette.

Lammzungen-Sauerbraten & Holundersauce mit Kartoffel-Lauch-Gemüse

Für 4 Personen

Lammzungen-Sauerbraten
(Standzeit ca. 6 Tage)

8 Lammzungen
1 Karotte
1 Zwiebel
2 Knoblauchzehen
Salz
Zucker
200 ml Apfelessig
400 ml Rotwein
2 Nelken
2 Pimentkörner
10 Pfefferkörner
5 Wacholderbeeren
3 Lorbeerblätter
1 Schalotte
1 TL Sonnenblumenöl
100 ml Grundjus (s. S. 229)

Die Zungen säubern und waschen. Karotte putzen, schälen und in etwa walnussgroße Stücke schneiden. Zwiebel und Knoblauch ebenfalls schälen und klein schneiden. Zusammen mit den Zungen, je 1 kräftigen Prise Salz und Zucker, dem Essig, Rotwein und Gewürzen in einen geeigneten Beutel geben und vakuumieren. Alternativ in einen Gefrierbeutel geben oder in ein Gefäß mit Deckel. Gekühlt ca. 6 Tage ziehen lassen, dabei ab und zu wenden.

Am Tag der Zubereitung im Vakuumbeutel samt Fond im vorgeheizten Wasserbad bei 80 °C ca. 4 Stunden sous-vide garen.

Nach Ende der Garzeit die Zungen herausnehmen, die Haut abziehen und den Zungenansatz wegschneiden. Den Fond durch ein Sieb geben, die Flüssigkeit dabei auffangen.

Die Schalotte schälen, fein würfeln und in dem Öl in einem Topf scharf anbraten. Gemüse und Gewürze vom Fond zugeben und mitrösten. Mit Fond ablöschen und ca. 20 Minuten köcheln lassen, bis die Flüssigkeit auf 200 ml reduziert ist. Durch ein Sieb passieren und mit der Grundjus abschmecken.

Kalt gerührte Holunderbeeren

350 g entrappte Holunderbeeren
150 g Zucker

Die Holunderbeeren unter fließendem Wasser abbrausen, abtropfen lassen und mit dem Zucker bei niedriger Rührstufe in einer Küchenmaschine ca. 1 Stunde lang rühren, bis sich der Zucker aufgelöst hat.

Kartoffel-Lauch-Gemüse

4 mittelgroße Kartoffeln (Sorte Linda)
Salz
1 kleine Stange Lauch
3 EL Sonnenblumenöl
Zucker
50 ml Apfelessig
30 g Butter
Pfeffer aus der Mühle
Muskatnuss

Den Backofen auf 180 °C Umluft vorheizen.
Die Kartoffeln schälen und in ausreichend Salzwasser bissfest kochen. Den Lauch putzen, waschen und in ca. 1½ cm breite Ringe schneiden. In einer ofenfesten Pfanne im Öl die Ringe auf der einen Seite rösten. Mit etwas Salz und Zucker bestreuen und mit dem Essig ablöschen. Den Lauch wenden und im Backofen für ca. 5–10 Minuten nachgaren. Aus den gekochten Kartoffeln mit einem Parisienne-Ausstecher halbe Kugeln ausstechen. Die Kartoffelkugeln in einer Pfanne in zerlassener Butter rundherum braten. Mit Salz, Pfeffer und frisch geriebener Muskatnuss abschmecken.

Anrichten
grobes Salz

Die Lammzungen mit der Sauce auf Teller verteilen und mit grobem Salz bestreuen. Das Kartoffel-Lauch-Gemüse und die Holunderbeeren dazu anrichten, dann servieren.

HASELNÜSSE

Oft ist es ja leider so, dass wir nicht zu schätzen wissen, was im Überfluss vorhanden ist. So ähnlich geht es den meisten auch mit der Haselnuss. Sie wächst einfach überall – an Waldrändern, in Hecken, in den Alpen sogar bis auf 1800 Meter. In und um Berlin ist sie selbstverständlich auch in jedem Park, an jedem Feld und Gehölz zu finden, braucht sie doch nur lehmigen Boden und Licht. Da wächst sie nun so vor sich hin, birgt Köstliches und wird doch recht stiefmütterlich behandelt. Kinder (und oft leider auch Erwachsene) wissen in der Regel – und das nur aus der Werbung –, dass Haselnüsse Bestandteil einer Nussnugatcreme sind, die deutsche Fußballspieler angeblich schätzen und täglich zum Frühstück essen.

Wir finden: Es ist an der Zeit, ihren Stellenwert wieder ins richtige Licht zu rücken! Für uns beginnt die Haselnusszeit im September, dann sammeln wir sie und nutzen sie für unsere Gerichte. Auf die Haselnusspaste sind wir eher zufällig gekommen. Karamellisiert man die Haselnüsse und mixt sie anschließend, intensiviert sich ihr Aroma durch die Röststoffe und den Zucker, der als natürlicher Geschmacksverstärker funktioniert. Wichtig ist, die Nüsse nicht zu dunkel zu rösten, da sie sonst bitter werden. Die schmelzende Paste kombinieren wir dann (unter anderem) mit Schweinebauch vom Spanferkel, das ergibt ein unglaubliches Zusammenspiel von Nuss- und Fleischgeschmack, und servieren diesen mit Haselnussgraupen. Die nussige Paste arbeiten wir aber beispielsweise auch in Kartoffelpüree oder verfeinern damit Saucen. Sie lässt sich unkompliziert herstellen (siehe Rezept) und ist im Kühlschrank etwa 1 Woche haltbar.

Haselnussgraupen & Spanferkelbauch

Für 4 Personen

Gebeizter Spanferkelbauch
(Standzeit ca. 2 Wochen)

6 g Koriandersamen
6 g Fenchelsamen
30 g Hopfen
200 ml Weißwein
1 Knoblauchzehe
125 g Meersalz
75 g brauner Zucker
1 Lorbeerblatt
500 g Spanferkelbauchfleisch

Koriander und Fenchel in einer Pfanne trocken rösten. Den Hopfen im Weißwein ca. 10 Minuten ziehen lassen. Den Knoblauch schälen und fein hacken. Alles mit den restlichen Zutaten für die Beize mischen und das Fleisch damit einreiben. In einen geeigneten Beutel geben, vakuumieren und den Schweinebauch ca. 2 Wochen im Kühlschrank beizen.

Am Tag der Zubereitung im Beutel im vorgeheizten Wasserbad bei 70 °C ca. 3–4 Stunden garen. Das Fleisch im Beutel auskühlen lassen. Danach herausnehmen, abtupfen und in gewünschte Portionen schneiden. Auf der Hautseite in einer Pfanne kross rösten.

Haselnusspaste

500 g Zucker
500 g Haselnusskerne
Sonnenblumenöl zum Frittieren
100 g Crème fraîche
10-20 g Salz
30 ml Balsamico bianco

Für den Läuterzucker den Zucker mit 300 ml Wasser zusammen aufkochen.

Die Haselnusskerne ca. 8 Minuten im Läuterzucker kochen, abgießen und die abtropfende Flüssigkeit auffangen. Den Läuterzucker in ein verschließbares steriles Glas gießen. Mit 50 ml Wasser auffüllen, damit das Zucker-Wasser-Verhältnis wieder ausgeglichen ist und der Zucker nicht auskristallisiert. Läuterzucker hält sich so ca. 3 Monate.

Haselnüsse auf einem Blech ausgebreitet auskühlen lassen. Reichlich Öl zum Frittieren auf maximal 170 °C erhitzen und die Nüsse darin portionsweise goldbraun ausbacken. Achtung: nicht zu dunkel werden lassen, sie werden sonst bitter! Auf einem Küchenhandtuch abtropfen lassen. 50 g Haselnusskerne für die Graupen verwenden, restliche Nüsse mit 250 ml Wasser sowie den weiteren Zutaten zu einer Paste mixen und in Gläser füllen. Sie ist im Kühlschrank ca. 1 Woche haltbar.

Haselnussgraupen

2 Schalotten
3 Stängel Dill
150 g Graupen
50 g Butter
50 ml Weißwein
250 ml Wasser
50 g Haselnusskerne
50 g Haselnusspaste
Salz, Pfeffer aus der Mühle
Apfelessig
50 g Crème fraîche

Schalotten schälen und in feine Würfel schneiden. Dill waschen, trocken schütteln, Spitzen abzupfen, einige für die Dekoration beiseitelegen und fein hacken. Die Graupen und Schalotten in der Butter anschwitzen und mit dem Weißwein ablöschen. Mit dem Wasser auffüllen und die Flüssigkeit bei geringer Hitze in ca. 15–20 Minuten um die Hälfte reduzieren lassen. Haselnusskerne ganz lassen oder grob hacken, mit der Nusspaste vermengen und zu den Graupen geben. Mit Salz, Pfeffer und Apfelessig abschmecken. Zum Schluss die Crème fraîche und den gehackten Dill unterrühren.

Anrichten
Den Spanferkelbauch auf Teller verteilen, die Haselnussgraupen darüber geben und mit Dillspitzen garniert servieren.

KALBSMASKE

„Die hohe Kunst des Kochens besteht nicht darin, Kalbsrückensteaks und -filets zuzubereiten. Den wahren Fachmann erkennt man erst, wenn er schmackhafte Gerichte von Innereien und vermeintlich weniger edlen Teilen kochen kann", schrieb ein Feinschmecker vor einigen Jahren. Gemäß unserer Philosophie, möglichst alles vom Tier zu verwerten, fallen diese Teile von selbst an, wenn wir in der Küche ganze Kälber auslösen. Da wir nichts verschwenden, können wir auch Gerichte anbieten, die in Vergessenheit geraten sind. So zum Beispiel die Kalbsmaske. Man kann sie etwa mit der Zunge und den Bäckchen füllen und dann in einer Brühe mit vielen verschiedenen Kräutern und Gemüse garen. Oder aber einen Kalbskopfsalat mit der ganzen Maske zubereiten. Klassisch gibt es einen ähnlichen Salat in der schwäbischen Küche: den Ochsenmaulsalat. Hier wird das Fleisch ausgeschabt, anschließend gekocht und sauer angemacht. Die Kalbsmaske kann man aber auch nach dem Kochen und Pressen in dünne Scheiben schneiden und mit Apfelessig, Zwiebeln und Essiggurke (natürlich selbst eingelegt, siehe Seite 72!) verfeinern, unsere Variante des schwäbischen Klassikers. Wir schneiden das Fleisch auch gern in Würfel und servieren diese zur Vesper auf einem Salat.

Beim Ausprobieren, was noch alles so geht mit diesem Produkt, erzielten wir ein tolles Ergebnis in der Kombination mit ganz leicht angebratenem Wels. Belegt mit Kalbsmaske wird das Ganze unter dem Grill gratiniert. Überzogen wird das Gericht zum Anrichten mit einer feinen Sauce mit Verjus und fein gehacktem Rosmarin.

Übrigens: Man kann beim Metzger auch eine halbe gerollte Maske bestellen. Sie sollte vor der Zubereitung drei Tage lang gekühlt gewässert werden; das Wasser bitte jeden Tag erneuern.

Wels & Kalbsmaske mit Buchenpilzen

Für 4 Personen

Kalbsmaske
(Standzeit ca. 12 Stunden)

1 Kalbsmaske (ca. 2,4 kg)
40 g Salz
15 g Zucker
30 g Tafelmeerrettich
30 g Senf
1 EL grober Senf
90 ml Branntweinessig 10 %

Die Kalbsmaske ca. 2½ Stunden in ungesalzenem Wasser kochen, dann herausnehmen und abkühlen lassen. Von Knorpeln befreien, die Zungenhaut abziehen und das gesamte Fleisch in grobe Würfel schneiden. Diese gut mit den Gewürzen, Meerrettich, Senfsorten sowie dem Essig vermengen und auf ein mit Frischhaltefolie ausgelegtes Blech geben. Mit einer weiteren Frischhaltefolie abdecken und mit einem Blech so beschweren, z. B. mit Mehlpaketen, dass das Fleisch gepresst wird. Für ca. 12 Stunden im Kühlschrank durchziehen lassen.

Anschließend 75 g Kalbsmaske sehr fein würfeln und für die Sauce beiseitestellen und den Rest in dünne Scheiben schneiden.

Wels

600 g Welsfilet
2 EL Sonnenblumenöl
30 g Butter
Salz
Kalbsmaskenfleischscheiben

Den Backofengrill auf 180 °C vorheizen.

Das Welsfilet in 4 Portionen schneiden. Das Öl in einer ofenfesten Pfanne erhitzen und die Fischfilets darin ca. 2 Minuten anbraten. Wenden, die Butter zugeben und die Filets mit Salz bestreuen. Die Kalbsmaskenscheiben schuppenartig darauf verteilen und unter dem Backofengrill ca. 8–10 Minuten goldbraun gratinieren.

Pilze

1 Schalotte
200 g Buchenpilze
2 EL Sonnenblumenöl
30 g Butter
Salz

Die Schalotte schälen und in feine Würfel schneiden. Die Pilze säubern. In einer Pfanne das Öl erhitzen und die Pilze mit den Schalottenwürfeln darin scharf anbraten. Die Butter zugeben, die Pilze darin schwenken und mit Salz würzen.

Verjussauce

100 ml Wasser
100 ml Verjus (unreifer Traubensaft)
75 g Kalbsmaskenwürfel
Salz, Pfeffer aus der Mühle
Zucker
1 TL gehackter Rosmarin

Wasser und Verjus zusammen erhitzen und die Flüssigkeit etwas reduzieren. Die Fleischwürfel darin heiß werden lassen. Mit Salz, Pfeffer sowie 1 Prise Zucker abschmecken und den Rosmarin unterrühren.

Anrichten
einige Petersilienblätter

Die Pilze gleichmäßig auf Teller verteilen, je ein Fischfilet daraufgeben und etwas Verjussauce angießen. Mit Petersilienblättern garniert servieren.

Tipp
Für die Variante des von unseren Gästen geliebten Ochsenmaulsalats, die Kalbsmaske wie oben beschrieben zubereiten, in feine Scheiben schneiden und mit Zwiebeln, Essiggurken, Radieschen sowie Apfelessig, Salz und Pfeffer marinieren.

MUTTERKUH

Fleischkauf ist für uns Vertrauenssache. Wir möchten gern wissen, woher das Tier kommt, dessen Fleisch wir in unserer Küche verarbeiten und unseren Gästen servieren. Außerdem halten wir wenig davon, Fleisch von weither zu importieren, wenn wir hervorragende Qualität sozusagen vor unserer Restauranttür bekommen können. Im Übrigen – wer kann heute noch sagen, dass er sogar weiß, wie das Tier hieß und wie alt es war, bevor es auf dem Teller landet? Wir schon. Unsere Mutterkühe stammen von Guido Leinitz in Neuruppin, die unweit davon in Hackenberg geschlachtet werden. Dort, auf Leinitz' Hof, werden die Tiere extensiv gehalten; wir kennen den Landwirt persönlich, wissen, was er füttert und wie die Kühe aufwachsen. Mutterkühe sind übrigens weibliche Rinder, wie der Name bereits vermuten lässt, die nicht gemolken werden, sondern Kälber säugen. Und zwar nicht nur ihre eigenen, sondern auch die anderer Kühe.

Der Geschmack dieses speziellen Fleisches ist ein sehr ursprünglicher und überhaupt nicht zu vergleichen mit dem von Rindern, die in Turbo-Mast aufgezogen wurden und Transport- sowie Schlachthofstress zusätzlich aushalten mussten. In unserem Rezept garen wir es über Stunden in einem gewürzten Weißwein-Quittensud, der den kräftigen Rindfleischgeschmack mit einer ganz feinen, leichten Säure unterstützt. Für den Schmorsud entsaften wir reichlich Quitten; aus dem übergebliebenen Fruchttrester machen wir anschließend mit Butter, Salz und Essig ein Püree, das dann als Beilage dient.

Wo man so ein Fleisch bekommt? Wer nicht bei Guido Leinitz um die Ecke wohnt, sollte einfach mal bei einem Viehbauern vorbeifahren und sich nach einem Direktverkauf erkundigen. Oder bei einem guten Metzger nachfragen.

Apropos Quitten: Das Kerngehäuse, das vor dem Entsaften entfernt werden muss, bitte nicht wegwerfen! Daraus wird nämlich mit Korn und Kandis in fünf Monaten ein aromatisch duftender Quittenlikör.

Geschmorte Schulter mit Senfkohl & Quitte

Für 4 Personen

Quittensaft

2 kg Quitten

Die Quitten waschen, trocknen, vierteln und das Kerngehäuse entfernen. Im Dampfentsafter für ca. 1 Stunde entsaften.

Tipp
Auch aus vermeintlichem „Abfall" kann man noch was Tolles machen. Wenn wir das Kerngehäuse der Quitten vor dem Entsaften herausschneiden, messen wir davon 1 kg ab und gießen es in einem verschließbaren Gefäß mit 1 l Korn und 350 g Kandis auf. Fünf Monate kühl und dunkel stellen, anschließend hat man einen fein aromatischen Quittenlikör.

Quittenpüree

Quittentrester
30 g Butter
Salz
Zucker
Apfelessig

Den übriggebliebenen Quittentrester vom Dampfentsaften in einen Standmixer geben und mit der Butter zu einem feinen Püree mixen. Mit je 1 Prise Salz und Zucker sowie einem Spritzer Essig abschmecken, ggf. nochmals mixen. Warm halten.

Geschmorte Schulter
(Standzeit ca. 4 Tage)

3 Schalotten
ca. 1 kg Schmorfleisch
(z. B. Kugel aus der Keule)
2 Lorbeerblätter
1 EL Anissamen
1 l Quittensaft
3 EL Sonnenblumenöl
500 ml Weißwein

Die Schalotten schälen und grob würfeln. Fleisch damit sowie mit allen Gewürzen und Quittensaft in einem geeigneten Beutel vakuumieren und ca. 3 Tage gekühlt marinieren, dabei ab und zu wenden.
Den Backofen auf 150 °C Umluft vorheizen. Dann das Fleisch aus dem Beutel nehmen, den Quittenfond auffangen, und in einem Bräter im heißen Öl scharf von allen Seiten anbraten. Mit dem Weißwein ablöschen und den Quittenfond zugeben. Im Backofen abgedeckt ca. 3 Stunden schmoren lassen. Etwa alle 30 Minuten mit etwas Wasser auffüllen, damit das Fleisch in genügend Sud liegt. Über Nacht im Schmorsud auskühlen lassen.

Sauce

500 ml Schmorsud
3 Schalotten
2 EL Sonnenblumenöl
Speisestärke, nach Belieben
1 EL Butter
Salz, Pfeffer aus der Mühle

Den Sud durch ein Sieb passieren, die abtropfende Flüssigkeit dabei auffangen. Die Schalotten schälen und fein würfeln. In einem Topf das Öl erhitzen und die Schalotten darin anbraten. Mit dem Sud ablöschen und bei mittlerer Hitze auf ca. 300 ml reduzieren. Nach Belieben mit etwas in kaltem Wasser angerührter Speisestärke binden, mit Salz und Pfeffer abschmecken und die Butter untermixen. Warm halten.

Senfkohl

4 Senfkohlköpfe
3 EL Sonnenblumenöl
Apfelessig
Salz, Pfeffer aus der Mühle
Zucker
40 g Butter

Den Senfkohl putzen und längs halbieren. Das Öl in einer Pfanne erhitzen und die Kohlhälften darin scharf anbraten. Mit einem Schuss Essig ablöschen, mit Salz, Pfeffer und 1 Prise Zucker abschmecken. Die Butter zugeben, aufschäumen lassen und die Senfkohlhälften darin schwenken. Wichtig: Der Kohl sollte noch knackig sein!

Anrichten
Die geschmorte Schulter in Scheiben schneiden und mit dem Quittenpüree auf Teller verteilen. Mit der Sauce begießen, den Senfkohl dazu anrichten und servieren.

TRAUBENKIRSCHEN

„Wer hatte denn DIE Idee?!?" Da standen wir nun in der Küche und guckten ziemlich bedröbbelt auf die Traubenkirschen, die wir für teuer Geld bei einem Lieferanten gekauft hatten. Sie waren klein, mit wenig Fruchtfleisch und schmeckten auch noch reichlich herb. Was sollten wir denn damit anfangen? Wir waren erst mal ratlos.

Glücklicherweise kam Jan die Idee, die Traubenkirschen wie Schlehen zu behandeln, die ja ebenfalls im rohen Zustand sehr bitter sind. Also haben wir Saft daraus gemacht, mit Stein, denn entsteinen lassen sie sich nur sehr schwer. In Brandenburg entdeckten wir irgendwann sonntags wild wachsende Traubenkirschen, die wir dann im darauffolgenden Sommer gesammelt haben. Auch wenn die Früchte ähnlich bitter sind wie Schlehen, etwas süßer sind sie doch, wie Geschmacksproben ergaben und wesentlich fruchtintensiver.

Elstern, Drosseln und Rotschwänzchen beispielsweise ist das komplett egal, wie bitter oder süß, wie reif oder unreif die Traubenkirschen sind. Sie fallen regelrecht darüber her. Wenn man es aber schafft, die Kirschen vor ihnen zu ergattern, kann man außer Saft auch Mus daraus zubereiten. Unserem Haus- und Hofjäger Korte zufolge, ist Prunus padus, so der botanische Name, neben einer der Nahrungsquellen für heimische Vögel zudem eine wichtige Futterpflanze für eine stark gefährdete Schmetterlingsart namens Birkenzipfelfalter. Der im Übrigen so selten geworden zu sein scheint, dass wir ihn noch nicht ein einziges Mal zu Gesicht bekommen haben. Die robuste Traubenkirsche ist anspruchslos, was Boden, Sonne und Wasserversorgung angeht. Sie blüht im Frühling unglaublich üppig, über und über weiß, intensiv duftend. Im Spätsommer werden die meist nur erbsengroßen Kirschen zunächst rot, dann schwarz. Skandinavier bevorzugen sie zumeist destiliert, wir begnügen uns wie oben erwähnt erst einmal mit Saft. Jedoch wecken wir einen Teil davon auch ein. So entstehen dann Kompositionen mit Traubenkirschsud und Kartoffelpüree mit ganzen Früchten, in der Kombi mit Hirschfleisch und Pilzen absolut unschlagbar.

Pochierter Hirschtafelspitz & Traubenkirsch-Kartoffelpüree

Für 4 Personen

Pochierter Hirschtafelspitz

400 g Hirschtafelspitz
1 l Traubenkirschsaft (s. S. 176)

Den Tafelspitz von Sehnen und Fett befreien und in jeweils
ca. 150 g große Stücke schneiden. Traubenkirschsaft einmal aufkochen und den Tafelspitz hineingeben. Ca. 15–20 Minuten –
je nach gewünschtem Garpunkt – garziehen lassen.

Pilze

250 g gemischte Pilze
(z. B. Maronen, Kräuterseitlinge, Steinpilze)
1 Schalotte
2 EL Sonnenblumenöl
25 g Butter
Salz, Pfeffer aus der Mühle
1 Stängel Petersilie, gehackt

Pilze säubern und längs in Scheiben schneiden. Die Schalotte schälen und fein würfeln. Öl in einer Pfanne erhitzen und die Pilze
scharf darin anbraten. Schalottenwürfel und Butter zugeben. Die
Butter aufschäumen lassen und alles darin schwenken. Vom Herd
nehmen, mit Salz und Pfeffer abschmecken und mit der Petersilie
bestreuen.

Traubenkirsch-Kartoffelpüree

30 tiefgefrorene Traubenkirschen, entsteint
600 g Kartoffelpüree (s. S. 92)
Salz

Die Traubenkirschen auftauen lassen und den Saft auffangen.
Mit dem Kartoffelpüree verrühren und ggf. noch mit etwas Salz
abschmecken.

Gebratene Traubenkirschen

1 gehäufter TL Zucker
ca. 20 Traubenkirschen, entsteint
20 g Butter
Salz, Pfeffer aus der Mühle

Den Zucker in einer Pfanne karamellisieren und die Traubenkirschen
darin schwenken. Die Butter zugeben und mit Salz und Pfeffer abschmecken.

Traubenkirschsauce

500 ml Traubenkirschsaft (s. S. 176)
50 ml Grundjus (s. S. 229)

Traubenkirschsaft auf 200 ml reduzieren und mit der Jus
abschmecken.

Anrichten

Einige Pilzscheiben mittig auf Teller verteilen, darauf etwas
Traubenkirsch-Kartoffelpüree geben. Die Hirschtafelspitzstücke
in Scheiben schneiden, darauf platzieren und mit weiteren Pilzen
umlegen. Alles mit den gebratenen Traubenkirschen sowie der
Sauce umträufeln und servieren.

BERBERITZEN

Zereshk Polo, das war für Michael quasi Liebe auf den ersten Biss. Das persische Gericht lernte er bei einer iranischen Freundin kennen, die ihn zum Essen eingeladen hatte: gegarter Reis mit in Butter geschwenkten Mandeln, Safran und dazwischen getrocknete Berberitzen. In der persischen Küche sowie in Nordafrika und im Nahen Osten werden die kleinen Strauchfrüchte gern und häufig verwendet.

Die Berberitze ist ein bis zu drei Meter hoher Strauch, ursprünglich beheimatet in Nordafrika, den man in lichten Wäldern und selbst in Berliner Parks antreffen kann. Im Frühling fällt er durch seine leuchtend gelben Blüten auf, im Spätsommer, also August/September, durch seine länglichen roten Früchte mit ihrem ungewöhnlichen Aussehen. Durch die walzenartige Form der Beeren ist die Berberitze relativ leicht von anderen Früchten zu unterscheiden. Und nachdem Michael so davon geschwärmt hatte, wir herausfanden, wo diese Büsche wachsen, wollten wir sie natürlich auch unbedingt selbst ernten. Das allerdings hatten wir uns etwas weniger mühselig vorgestellt! Die Blätter verwandeln sich nämlich teilweise zu Dornen, weshalb wir auch einleuchtend finden, dass Berberitzen häufig um Viehweiden zu finden sind, weil die Tiere die stachelige Pflanze meiden. Die Beeren selbst sind ziemlich klein und müssen einzeln gepflückt werden. Aber die Mühe lohnt sich allemal: Sie schmecken säuerlich-süß und herrlich fruchtig. Daraus gekochte Konfitüre ist ungemein intensiv und aromatisch. Uns schmeckt sie am besten auf einem selbst gebackenen, frischen Hefezopf – mit guter Butter, wie unsere Großmütter zu sagen pflegten.

Hefezopf & Berberitzenaufstrich

Hefezopf
Für 1 Stück
(Standzeit ca. 12 Stunden)

500 g Weizenmehl
70 g Zucker
20 g Salz
1 Würfel Hefe (42 g)
200 ml Milch
2 Eier
150 g Butter
Abrieb von ½ unbehandelten Zitrone
Weizenmehl zum Bearbeiten
1 Eigelb zum Bestreichen

Das Mehl in die Rührschüssel einer Küchenmaschine sieben und mit Zucker und Salz mischen. Die Hefe in eine Kuhle bröckeln und die lauwarme Milch zugeben. Alles zusammen in einer Küchenmaschine gut verkneten. Nach und nach Eier und Butter sowie Zitronenabrieb unterkneten. Den fertigen Teig abgedeckt an einem warmen Ort mindestens 2 Stunden gehen lassen, bis sich sein Volumen deutlich vergrößert hat. Wenn Sie den Teig kühl stellen, kann das auch bis zu 24 Stunden sein. Denn je länger der Teig geht, desto besser schmeckt der fertige Hefezopf.

Anschließend den Teig auf einer leicht mit Mehl bestäubten Arbeitsfläche nochmals kneten und in drei gleich große Stücke teilen. Die Teile mit Mehl für mehr Griffigkeit bestäuben und drei Stränge formen. Einen Zopf flechten, Eigelb mit etwas Wasser mischen und den Hefezopf damit einstreichen. Auf ein mit Backpapier belegtes Blech geben und gehen lassen, bis sich das Volumen verdoppelt hat. Den Backofen auf 160 °C Umluft vorheizen und den Zopf ca. 20 Minuten backen. Dann die Temperatur auf 130 °C reduzieren und weitere 15 Minuten backen.

Tipp
Der Hefezopf schmeckt mit jedweder Konfitüre oder selbst gemachtem Pflaumenmus. Und genauso gut nur mit leicht gesalzener oder süßer Butter. Wer mag, kann auch noch getrocknete Berberitzen in den Teig einarbeiten.

Berberitzenaufstrich
Für 3 Gläser à 150 ml Inhalt

150 g Zucker
2 g Apfelpektin
360 g Berberitzen, geputzt, ohne Stiel

Damit keine Klumpen entstehen, Zucker und Pektin gut miteinander vermischen. Mit den Berberitzen aufkochen und in einem Standmixer je nach gewünschter Konsistenz fein oder gröber pürieren. Randvoll in sterile Gläser füllen, verschließen und auskühlen lassen. Der Aufstrich hält sich ca. 6 Monate.

Anrichten
Den Zopf in Scheiben schneiden und mit dem Berberitzenaufstrich bestreichen.

WIN
TER

SCHLEHEN

Sie wachsen wild in ganz Europa, über Vorderasien bis nach Sibirien, selbst in Nordafrika und selbstverständlich im Berliner Umland. Schlehen kannte früher jeder, heute weiß bedauerlicherweise kaum noch jemand, wie sie überhaupt aussehen. Das möchten wir ändern: Die Steinfrüchte sind etwa zehn bis fünfzehn Millimeter klein und erinnern allein schon wegen ihrer blauen Farbe ein wenig an Pflaumen, mit denen sie entfernt verwandt sind. Die Zweige der Sträucher, an denen Schlehen wachsen, haben sehr spitze lange Dornen, weshalb wir bei der Ernte lieber Handschuhe tragen, nachdem wir schmerzliche Erfahrungen gemacht haben.

Die beste Zeit sie zu pflücken ist von Oktober bis November. Zu kaufen gibt es sie nämlich eher selten und wenn, dann nur noch auf wenigen ländlichen Wochenmärkten. Im Frühjahr sammeln wir die Blüten und bereiten daraus einen Tee (nur zwei Minuten ziehen lassen!)

Vom Geschmack her sind sie reichlich herb und ziemlich sauer. Vögeln schmecken sie roh, uns in dieser Form erst nach den ersten Nachtfrösten. Die kühlen Temperaturen wandeln nämlich die in ihnen enthaltene Stärke in Zucker um, macht sie weich und süß. Und wenn es keinen Frost gibt? Dann simulieren wir ihn! Wir kamen auf die Idee, unsere bereits Ende September selbst gesammelten Schlehen einzufrieren, auch weil sie sich frisch gepflückt nicht lange halten und zügig verbraucht werden müssen. Anschließend haben wir sie mit heißem Wasser übergossen und bekamen das tollste Ergebnis!

Man kann aus den Früchten Fruchtaufstriche kochen, auch in Kombination mit anderem Obst, oder mit ihnen einen Likör ansetzen. Den ersten Schluck selbst gemachten Schlehenlikör gab es bei Christophs Tante Lisabetha im schwäbischen Burladingen immer zu Neujahr. Da passt nur eins: Prosit Neujahr! Schlehensaft hat für sich allein jedoch einen ganz eigenen fruchtig-herben Geschmack und lässt sich prima als erfrischende Schorle oder auch pur trinken, zu Eis oder Granité weiterverarbeiten. Durch Frost (oder durchs Gefrieren im Tiefkühler) süß gewordene Schlehen passen zudem gut in Obstsalate oder auch in Saucen zu Wildfleisch. Einfach mal ausprobieren! Und an kühlen Tagen ist warmer Schlehensaft mit einem Schuss Rum ein echt heißer Tipp.

Wichtig vor dem Einfrieren: die Früchte gut waschen, abtropfen und trocken tupfen. Auf einem Blech nebeneinander verteilen und im Tiefkühler anfrieren lassen, anschließend können sie in Behälter umgefüllt werden. Will man nur Saft daraus machen, können die Schlehen gleich in Dosen oder Gefrierbeutel gefüllt werden.

Schlehengranité & SloeMonkey

Für 4 Personen

Schlehensaft
Für 6 Bügelflaschen à 1 l Inhalt
(Standzeit ca. 24 Stunden)

4 kg Schlehen
200 g Zucker
6 l Wasser

Die Schlehen waschen, abtropfen lassen und über Nacht einfrieren. Schlehen noch gefroren in eine große Schüssel geben. Zucker und Wasser aufkochen und heiß über die Früchte gießen. Für 24 Stunden abgedeckt kühl stellen. Dann Saft abseihen, diesen nochmals aufkochen und wieder über die Schlehen gießen. Auf diese Weise 6 Mal wiederholen. Den fertigen Schlehensaft noch heiß in sterile Flaschen abfüllen, verschließen und kühl und dunkel lagern. Hält sich ca. 12 Monate.

Info
Wir sammeln unsere Schlehen etwa Ende September und um die Fruchtsüße aus Ihnen herauszukitzeln, die eigentlich erst nach dem ersten Frost entsteht, frieren wir sie einfach ein.

Schlehenlikör
Für 2 Bügelflaschen à 1 l Inhalt
(Standzeit ca. 4 Monate)

2 kg Schlehen
80 g weißer Kandis
½ Vanilleschote
2 l Korn
evtl. Zucker

Die Früchte waschen, abtropfen lassen und über Nacht einfrieren. Gefrorene Früchte einschneiden und in ein großes verschließbares Glas oder eine Flasche geben. Kandis, Vanilleschote zugeben und mit dem Korn übergießen. Mindestens 4 Monate luftdicht verschlossen an einem hellen Ort ziehen lassen und in regelmäßigen Abständen schütteln. Dann verkosten; sollte der Geschmack noch zu alkoholisch sein, weitere Wochen ziehen lassen. Eventuell nachzuckern. Anschließend durch ein Tuch abseihen, in Flaschen füllen und kühl aufbewahren.

Schlehengranité
(Gefrierzeit ca. 4–6 Stunden)

500 ml Schlehensaft
330 g Zucker

Saft mit Zucker aufkochen und in einer Schüssel ca. 4 Stunden einfrieren. Stündlich mit dem Schneebesen oder einer Gabel umrühren, damit feine Eiskristalle entstehen.

SloeMonkey

6 cl Schlehensaft
2 cl Apfelsaft
2 cl Schlehenlikör oder
4 cl Monkey47 Gin
1 Handvoll Eiswürfel

Alle Zutaten auf Eiswürfeln kräftig shaken.

Anrichten
150 ml Schlehensaft oder SloeMonkey

Das Granité verteilen und nach Belieben mit Schlehensaft oder dem Schlehencocktail SloeMonkey auffüllen. Sofort servieren.

BIER

In Christophs Erinnerung an seine Kindheit waren Sonntage nicht langweilig. Sie waren sogar ziemlich klasse. Nach dem Kirchgang ging es zum Frühschoppen ins Wirtshaus. Sein Vater trank ein Bier, er bekam einen (oder auch mehrere) Bierstängel – wie alle anderen Kinder, die ihre Väter begleiten durften.

Da als Snack vor dem Essen oder zum Apéritif kaum etwas besser schmeckt als diese knusprigen Stangen, wollten wir solche auch zu unserer Brotzeit reichen. Sie heißen nicht nur Bierstängel, wir backen sie auch mit Bier.

Aber nicht mit irgendeinem, sondern mit: „Helles". Es ist leicht, mit hellgelber Farbe und angenehm leichter Hopfennote. Gebraut wird es im Hofbräuhaus im bayerischen Traunstein. Und zwar schon lange, bevor Craft Bier anfing, sprichwörtlich in Deutschland in aller Munde zu sein. Die Brauerei gibt es nämlich bereits seit dem 17. Jahrhundert, seit 1896 ist sie im Besitz der Familie Sailer, die sich an traditionelle Braukunst hält. Ihre Biere sind berühmt, weit über den heimatlichen Chiemgau hinaus. Selbst aus dem Ausland – nicht nur aus Preußen! – ordern begeisterte Fans die unterschiedlichen Sorten, die in den historischen Mauern mitten in der Altstadt entstehen.

Den Sailers ist Sorgfalt wichtig und: Qualität. Gebraut wird ausschließlich mit feinem Aromahopfen aus der Hallertau, das für die Charakterbildung der Biere entscheidend ist. Traditionsreiche Mälzereien der Oberpfalz und Unterfranken liefern die Braumalze, die ausschließlich aus bayerischer Gerste schonend geröstet werden. Das Traunsteiner Hofbräuhaus besitzt sogar eine eigene Quelle, aus der das Brauwasser gespeist wird. Auch die unter- und obergärigen Hefestämme kultivieren und vermehren die Sailers selbst. Die wichtigste Zutat ist jedoch: Zeit. Die langen Lager- und Reifezeiten, die in dem Familienbetrieb den Bieren zugestanden wir, sorgen für den optimalen Geschmack.

Das Aroma dieses Biers macht sich auch in unseren Bierstängeln bemerkbar. Es sorgt dafür, dass sie würzig, luftig, großporig und herrlich knusprig werden. Bestreut sind sie mit Kümmel und grobem Salz, dazu reichen wir frisch aufgeschlagene Beifußbutter.

Bierstängel & Beifußbutter

Für ca. 50 Stück

Selbst gemachte Beifußbutter
Für ca. 150 g
(Standzeit 1 Tag)

10 l Frischmilch, 3,8 %, nicht pasteurisiert
3 Stängel Beifuß, nach Geschmack
Salz

Die Milch 1 Tag stehen lassen, damit sich der Rahm von der Milch trennt. Rahm abschöpfen und so lange in einer Küchenmaschine schlagen, bis Butter entsteht. In einem Sieb abtropfen lassen. Beifuß waschen, trocken schütteln und sehr fein hacken. Mit der Butter vermengen und mit Salz abschmecken. In die gewünschte Form füllen und kalt stellen.

Tipp
Wenn Sie die entrahmte Milch zum Trinken oder Kochen verwenden möchten, einmal kurz aufkochen und kalt stellen.

Bierstängel
(Standzeit ca. 1½ Stunden)

350 g Weizenmehl (Type 550)
1 Würfel Hefe (42 g)
130 ml Helles vom Hofbräuhaus Traunstein
120 g weiche Butter
15 g Salz
1 Prise Zucker
Weizenmehl zum Bearbeiten
1 Ei
ca. 30 g Bergkäse
edelsüßes Paprikapulver
grobes Salz
Kümmelsamen

Mehl, Hefe, Bier, Butter sowie Salz und Zucker in einer Küchenmaschine zu einem geschmeidigen Hefeteig verkneten. Ca. 1 Stunde abgedeckt im Kühlschrank gehen lassen. Anschließend auf einer leicht bemehlten Arbeitsfläche dünn mit einer Teigrolle zu einem Rechteck ausrollen.

Das Ei verquirlen und den Teig einmal damit bestreichen. Den Bergkäse frisch reiben, darauf streuen und den Teig 3 Mal falten, sodass ein schmales Rechteck entsteht. Wieder ausrollen, ca. 0,5 cm dünn, und nochmals mit Ei bestreichen. Mit Paprika, grobem Salz und Kümmel bestreuen. Nun mit einem Teigrädchen oder einem Pizzaschneider lange gleichmäßige Stangen schneiden. Diese kordeln und auf mit Backpapier ausgelegte Backbleche verteilen und weitere 30 Minuten gehen lassen. Den Backofen auf 155 °C Umluft vorheizen. Die Bierstängel ca. 13–20 Minuten backen, je nach gewünschter Bräunung.

Anrichten
Die Bierstängel mit der Beifußbutter servieren.

TOPINAMBUR

Die kleine Knolle mit dem exotischen Namen – benannt nach einem brasilianischen Eingeborenenstamm – schickten einst französische Auswanderer aus Nord- und Mittelamerika nach Europa. Topinambur war seinerzeit ein beliebtes Gemüse, wurde aber nach und nach von der deutlich ertragreicheren Kartoffel verdrängt. Im Süden Deutschlands ist der aromatische „Topi" eine gern gerossene Spirituose; die Erdartischocken lassen sich aber auch backen, pürieren, dünsten oder sogar roh und mariniert essen. Geschmacklich ist Topinambur zwischen Schwarzwurzel und Artischocke einzuordnen, leicht süßlich-nussig, die kräftigen Aromen stecken überwiegend in der Schale.

In unserem Fall wollten wir einmal etwas anderes ausprobieren, haben Spätzle daraus geschabt und servieren sie als Topinambur-Menü mit gebackenen Knollen und einer Topinambursauce. Einerseits ist das ein interessantes Zusammenspiel der unterschiedlichen Texturen und andererseits der Aromenvielfalt, die durch die verschiedenen Zubereitungen entstehen.

Sehr gut passen die Knollen in jedweder Form übrigens auch zum geröstete Rotkohl. Wer sich jetzt fragt, wie wir auf die Idee gekommen sind, Kohl zu rösten – die Antwort lautet: aus Versehen. Jan wollte den Kohl, während eines stressigen À-la-Carte-Abends, eigentlich nur kurz in den Ofen zum Garen schieben. Eigentlich. Tatsächlich blieb der Kohl viel zu lange drin, die äußeren Blätter waren rotbraun und total kross. Christoph hat diese später einfach probiert und festgestellt, dass sie absolut super schmeckten und perfekt zu Schweine- oder Kalbfleisch passen. Und die Topi-Spätzle sind klasse zu allem, wozu man auch „normale" essen kann, also beispielsweise Gulasch oder einfach nur mit geschmälzten Zwiebeln.

Topinamburspätzle, Sud & geschmorte Knolle

Für 4 Personen

Geröstete Rotkohlblätter

1 kleiner Rotkohl

Den Backofen auf 180 °C Umluft vorheizen.

Den Rotkohl im Ganzen hineinlegen und alle 30 Minuten die äußeren gerösteten Blätter abziehen. Diesen Vorgang wiederholen, bis man vier schöne Blätter hat.

Tipp
Den restlichen Rotkohl zu Rotkraut verarbeiten.

Topinambur

2 kg Topinambur
Salz
1–2 EL Crème fraîche
Zucker
Muskatnuss
Apfelessig

Die Topinambur waschen und dabei gründlich abbürsten. 8 schöne Knollen zum Schmoren aussuchen und beiseitelegen. Die restlichen Knollen schälen und grob klein schneiden. Die Schalen für den Sud aufbewahren. Die Topinamburstücke ca. 45 Minuten in ausreichend Salzwasser garen und über einem Sieb abgießen.

Gegarte Topinambur pürieren, das sollte ca. 800 g Püree ergeben, und 500 g davon für die Spätzlezubereitung verwenden.

Das restliche Püree mit Crème fraîche, Salz, Zucker, frisch geriebener Muskatnuss und einem Spritzer Essig verrühren.

Topinamburspätzle

ca. 500 g Topinamburpüree
150 g Weizenmehl
3 Eigelb
100 g Speisestärke
Salz
50 g Butter
3 Stängel Petersilie

Das Topinamburpüree mit Mehl, Eigelben, Speisestärke und 15 g Salz zu einem elastischen Teig schlagen. Reichlich Wasser aufsetzen und den Teig mithilfe einer Spätzlereibe hineinhobeln. Einmal aufwallen lassen, Spätzle mit einem Schaumlöffel abschöpfen, flach auf einem Backblech verteilen und warm halten. Kurz vor dem Anrichten die Spätzle in einer Pfanne in aufgeschäumter Butter schwenken und salzen. Petersilie waschen, trocken schütteln, Blätter abzupfen, fein hacken und über die Spätzle streuen.

Topinambursud

ca. 500 g Topinamburschalen
1 l Wasser
2 EL Crème fraîche
20 g Butter
Salz, Pfeffer aus der Mühle
Zitronensaft

Die Schalen in einen Topf geben, mit dem Wasser auffüllen und ca. 1 Stunde leicht köcheln lassen. Anschließend in einem Standmixer oder mit einem Pürierstab mixen und durch ein Sieb passieren. Den aufgefangenen Sud auf ca. 150 ml reduzieren und mit Crème fraîche, Butter, Salz, Pfeffer und einem Spritzer Zitronensaft abschmecken. Dann warm halten und kurz vor dem Anrichten mit einem Stabmixer aufschäumen.

Topinamburknollen

8 Topinambur
Salz
Zucker

Den Backofen auf 180 °C Umluft vorheizen.

Die gewaschenen Knollen mit etwas Salz und Zucker bestreuen und ca. 20 Minuten im Backofen schmoren.

Anrichten
einige Spitzen Karottengrün

Die Rotkohlblätter platzieren, die geschmorten Knollen, die Topinamburspätzle und das Püree darin anrichten. Den aufgeschäumten Sud darüber verteilen und mit Karottengrün garniert servieren.

Info
Wer selbst auf dem Balkon Topinambur ernten möchte – das geht ganz einfach. Eine Knolle mit dem Messer unten etwas anschneiden, in einen 8-l-Topf mit Blumenerde setzen und abwarten, was Ihnen da blüht.

STECKRÜBE

Diese Kreuzung aus Rübe und Kohlrabi ist ein typisches Wintergemüse, das zwar zwischen August und Oktober geerntet wird, sich aber lange lagern lässt. Es ist wunderbar als Beilage, schmeckt gekocht oder geröstet, ebenso in Eintöpfen, Suppen oder aber als Rohkost.

Die Steckrübe mit ihrem leicht „kohligen", süßlichen Geschmack galt lange als Arme-Leute-Essen. Unsere Großeltern kennen sie noch als Kartoffel-, sogar als Kaffee-Ersatz, in schlechten Zeiten selbst als Rübenmehl oder Konfitüre. Selbst zu einer Art Sauerkraut beziehungsweise zu „Apfelmus" lassen sich Steckrüben verarbeiten, weil sie verschiedene Aromen annehmen können. Bis auf die Schale sind sämtliche Teile essbar. Auch ihre Stiele schmecken hervorragend, nicht typisch nach Rübe, sondern feiner und „gemüsiger". Die Rübenstiele kann man übrigens üblicherweise nicht kaufen, weil die Bauern bei der Ernte diese meist schon auf dem Acker entfernen. Deshalb einfach mal bei Ihrem Gemüsebauern nachfragen, ob er sie Ihnen aufbewahren kann.

Unsere Version ist ein Versuch, *den* Eintopf von Oma Maria nachzukochen. Die einzige Überlieferung stammt nämlich von Christophs Onkel Manfred. Er hat ihn als einziger von neun Kindern immer genauso gekocht. Wir finden ihn nahezu perfekt! Außerdem sind wir der Meinung, dass im Winter nichts so gut durchwärmt wie ein gescheiter Eintopf, kochen wir Beinscheibe von unserer Mutterkuh in Steckrübensaft und lassen sie fertiggaren mit Steckrübe, Lauch und Karotten. Lorbeer und Wacholder runden das Ganze ab und harmonieren mit den kohligen Aromen. Ebenso gut passen aber auch süßliche Gewürze zur Rübe wie Fenchel oder Anis. Gestampft, beziehungsweise zusammen mit Kartoffeln wie ein Püree zubereitet, sind Steckrüben die ideale Begleitung zu Kasseler oder Kochwurst oder aber zu unserer selbst gemachten Blutwurst und Wildschweinbratwurst (siehe Seiten 92 und 212).

Steckrübeneintopf

Für 4 Personen

Steckrübeneintopf

2 Steckrüben
3 Schalotten
4 Karotten
1 Stange Lauch
1 Beinscheibe vom Rind
2 EL Sonnenblumenöl
500 ml Wasser
2 Lorbeerblätter
10 Pfefferkörner
4 Wacholderbeeren
Salz
Muskatnuss
Weißweinessig

Beide Steckrüben putzen und schälen. Eine direkt entsaften, die andere in Würfel schneiden. Schalotten und Karotten schälen, Schalotte würfeln und Karotte in Scheiben schneiden. Lauch putzen, waschen und in Streifen schneiden. Die Beinscheibe im heißen Öl von beiden Seiten scharf anbraten. Mit dem Steckrübensaft ablöschen und mit dem Wasser auffüllen. Lorbeer, Pfeffer und Wacholder zugeben und ca. 3 Stunden simmern lassen. Mit Salz, frisch geriebener Muskatnuss und einem Spritzer Essig abschmecken.

Tipp
Den Eintopf am besten über Nacht auskühlen lassen und am nächsten Tag essen. Dann schmeckt der Eintopf mit dem Fleisch noch besser.

Anrichten
5 Stängel Petersilie

Petersilie waschen, trocken schütteln, Blätter abzupfen und hacken. Das Fleisch zerteilen und mit dem Steckrübeneintopf schön heiß in tiefe Teller geben, mit der Petersilie bestreuen und sofort servieren.

SCHWARZWURZELN

Lehrzeiten sind ja bekanntlich nicht gerade einfach, schon gar nicht, wenn man wie Jan eine Ausbildung zum Koch gemacht hat. Eine seiner ersten Erfahrungen mit Schwarzwurzeln hätte ihm beinahe ein für alle Mal die Lust auf dieses Gemüse verdorben. Für eine Bankettveranstaltung mit 200 Gästen musste er nämlich diese nicht nur schälen, sondern anschließend in sehr kleine Stifte schneiden. „Das hat echt lange gedauert!", wie sich Jan erinnert. Immerhin, da er weiß, wie ausnehmend gut dieses Gemüse schmeckt, kommen die Gäste des herz&niere in den Genuss, sie in verschiedenen Formen gegart zu probieren: als cremige Suppe mit einer konfierten Gänsemagenbeilage, als Gewürzschwarzwurzel und gegart in Mirabellensaft. Dadurch wird ihr feines Aroma einerseits fruchtiger, andererseits ist sie so ein toller Farbklecks in der hellen Cremesuppe.

Wer Schwarzwurzeln das erste Mal sieht, mag kaum glauben, was in ihnen steckt. Sie verstecken nämlich ihr weißes, zart nuss- bis mandelartig schmeckendes Inneres hinter einer ruppigen Schicht aus brauner Rinde, meist bedeckt mit Erde und Sand. Bitte beim Schälen unbedingt Handschuhe tragen, da der „Arme-Leute-Spargel" einen klebrigen Saft absondert, der sich nur schwer wieder abwaschen lässt! Wenn die Wurzeln nicht sofort weiterverarbeitet werden, müssen sie zügig in Zitronenwasser eingelegt werden, weil sie sich sonst braun verfärben und nicht mehr so appetitlich aussehen, auch wenn es dem Geschmack selbst keinen Abbruch tut.

Da wir auf unserem Acker in der Regel reichlich Schwarzwurzeln ernten, wecken wir sie auch in Salzfond ein. So sind sie bis zu zwölf Monate haltbar und schmecken zu allem Möglichen oder pur als Salat. Das Rezept zum Einkochen finden Sie auf Seite 18.

Schwarzwurzelsuppe & Gänsemagen

Für 4 Personen

Konfierte Gänsemägen
(Standzeit ca. 3 Stunden)

1 Schalotte
4 küchenfertige Gänsemägen
300 ml flüssiges Gänseschmalz
2 Nelken
1 Lorbeerblatt
3 Pimentkörner
5 g Salz

Schalotte schälen und fein würfeln. Mit den restlichen Zutaten in ein großes steriles Glas geben, verschließen und in einem heißen Wasserbad ca. 3 Stunden konfieren. Die konfierten Mägen herausnehmen und abkühlen lassen. Zum Anrichten die Gänsemägen in feine Scheiben schneiden und im Gänseschmalz wieder heiß werden lassen.

Schwarzwurzelsuppe

500 g Schwarzwurzeln
1 kleine Zwiebel
50 g Butter
200 ml Weißwein
500 ml Wasser
200 g Crème fraîche
½ TL Salz
½ TL Zucker
Pfeffer aus der Mühle
Muskatnuss

Schwarzwurzeln schälen, dabei unbedingt Handschuhe tragen, und in ca. 2 cm lange Stücke schneiden. Die Zwiebel ebenfalls schälen und in kleine Würfel schneiden. Butter in einem Topf zerlassen und die Schwarzwurzeln sowie die Zwiebelwürfel darin anschwitzen. Mit Weißwein ablöschen und die Flüssigkeit auf die Hälfte reduzieren. Mit dem Wasser auffüllen, aufkochen und die Schwarzwurzeln ca. 20 Minuten garziehen lassen. Dann pürieren und durch ein Sieb passieren. Die Crème fraîche zugeben, mit Salz, Zucker und Pfeffer sowie frisch geriebener Muskatnuss abschmecken. Dann warm halten.

Gewürzschwarzwurzeln

8 Schwarzwurzeln
1 Pimentkorn
1 Nelke
1 Prise gemahlener Zimt
10 Koriandersamen
1 Msp. Kümmelsamen, gestoßen
1 Prise Salz
250 ml Mirabellensaft (s. S. 68)

Schwarzwurzeln schälen, dabei unbedingt Handschuhe tragen, und in ca. 10 cm lange Stäbchen schneiden. Alle Gewürze in einem Topf ohne Fettzugabe kurz anrösten und mit Mirabellensaft ablöschen. Schwarzwurzeln zugeben, einmal kurz aufkochen, ca. 10 Minuten ziehen lassen und warm halten.

Tipp
Wenn die Schwarzwurzeln nicht direkt nach dem Schälen weiterverarbeitet, sollten sie mit Zitrone oder Essig beträufelt werden, damit sie schön weiß bleiben.

Anrichten
einige Kresseblättchen

Die Schwarzwurzelsuppe auf Teller verteilen. Die Schwarzwurzelstäbchen mit den Gänsemagenscheiben darin anrichten und mit Kresse garniert servieren.

GRÜNKOHL

Üblicherweise ist er vor allem im Norden ein äußerst beliebtes Wintergemüse. In Bremen gibt es legendäre Grünkohl-und-Pinkel-Touren, bei denen allerdings auch Schnaps eine tragende Rolle einnimmt. Besonders mild und verträglich ist er, wenn er den ersten Frost abbekommen hat. Er schmeckt mit Kasseler als Eintopf, zu Gänse- und Entenbraten als klassische Beilage, mit herzhafter Salami im Auflauf, selbst thailändisch angehaucht mit Kartoffel-Curry und Senf-Spiegelei. Jenseits von Berlin, in den Vereinigten Staaten etwa, boomt „Kale" als hipper Smoothie, wird gehypt als „Superfood" und ist selbstverständlich auf den Speisekarten der angesagtester Restaurants zu finden.

Für uns ist Grünkohl jenseits aller Trends einfach eines unserer Lieblingsgemüse, denn die Saison beschränkt sich nicht nur zwingend auf die Winterzeit. Im Prinzip kann man ihn auch schon im Juli essen. Wir lieben die ersten Pflänzchen im August zum Beispiel scharf angebraten als Salat oder aber klassisch im Winter, weil er zu so vielen Gerichten passt und variiert werden kann. Wir finden, die Mischung aus halb blanchiertem, halb frittiertem Grünkohl macht's. Einerseits behält er dadurch seine grüne Farbe. Andererseits kommt dabei ein nussiges Aroma ins Spiel, das man so noch nicht kennt. So ergänzt er beispielsweise Süßwasserfische wie Waller oder Karpfen (dazu gibt es eine eigene Geschichte – siehe Seite 204), die leicht „erdig" schmecken. Perfekt ist er wie in unserem Rezept, wenn er in einer speziellen Sauce gart, mit kleinen Schweineschnauzen, die über Nacht in einem Sud durchziehen und in der Marinade erwärmt werden. Dazu gibt es würzige, im Ofen gegarte und anschließend gebratene Petersilienwurzeln.

Genauso gut schmeckt Grünkohl aber trocken in einer Pfanne geröstet und als Beilage zu Fisch oder Fleisch. Und junge Grünkohlblätter eignen sich auch ohne Frost zart als Salat, einfach nur gemischt mit frischen Kräutern und einer leichten Vinaigrette.

Grünkohl & Schweineschnauze mit Petersilienwurzel

Für 4 Personen

Schweineschnauze
(Standzeit über Nacht)

1 Stange Staudensellerie
1 mittelgroße Zwiebel
2 Karotten
2 EL Sonnenblumenöl
4 Schweineschnäuzchen
1 Lorbeerblatt
2 Nelken
2 Pfefferkörner
20 g Salz

Backofen auf 140 °C Umluft vorheizen.
Staudensellerie putzen, ggf. schälen und in walnussgroße Stücke schneiden. Zwiebel und Karotten schälen, beides ebenfalls klein schneiden. Öl in einem Schmortopf erhitzen und Sellerie, Karotten sowie Zwiebel darin anschwitzen. Schnäuzchen und Gewürze zugeben und mit so viel Wasser auffüllen, dass alles bedeckt ist. Deckel auflegen und im Backofen ca. 2 Stunden garen. Die Schnäuzchen im Schmorsud über Nacht auskühlen lassen. Anschließend das Fleisch herausnehmen, den Sud durch ein Sieb passieren und die Flüssigkeit auffangen. Zum Anrichten den Fond auf 100 ml reduzieren und die Schnäuzchen darin erwärmen.

Grünkohl

500 g Grünkohl
Sonnenblumenöl zum Frittieren
Salz

Grünkohl putzen, waschen und abtropfen lassen. Mit etwas Küchenpapier gut trocken tupfen. Reichlich Öl zum Frittieren auf ca. 160–170 °C erhitzen und 250 g Grünkohl darin frittieren. Dann in einem Sieb abtropfen lassen. Restlichen Grünkohl in reichlich leicht gesalzenem Wasser kurz blanchieren und in Eiswasser abschrecken. Frittierten und blanchierten Kohl mischen, grob hacken und kalt stellen.

Sauce

1 Zwiebel
250 g Schweinebauch
1 EL Sonnenblumenöl
20 g Salz
6 g schwarzer Pfeffer, grob zerstoßen
1 Lorbeerblatt
80 g Tafelmeerrettich
40 g Senf
100 ml Weißwein
150 ml Weißweinessig
300 ml Wasser

Zwiebel schälen und fein würfeln. Den Schweinebauch in walnussgroße Stücke schneiden und zusammen mit den Zwiebeln im heißen Öl scharf anbraten. Salz, Pfeffer, Lorbeer, Senf sowie Meerrettich zugeben und mit Weißwein und Essig ablöschen. Mit dem Wasser auffüllen und ca. 1 Stunde köcheln lassen. Anschließend zweimal durch die feine Scheibe eines Fleischwolfs drehen. Kurz vor dem Anrichten den Grünkohl damit verrühren und erhitzen. Ggf. nochmals abschmecken.

Tipp
Von der Sauce am besten die doppelte Menge zubereiten und in einem Glas bei 90 °C einkochen. Dann haben Sie die Sauce für das nächste Grünkohlessen gleich parat.

Petersilienwurzeln

2 Petersilienwurzeln
Salz, Pfeffer aus der Mühle
Zucker
2 EL Sonnenblumenöl
Zitronensaft

Den Backofen auf 170 °C Umluft vorheizen.
Petersilienwurzeln schälen, mit Salz, Pfeffer und 1 Prise Zucker bestreuen und im Ganzen im Backofen ca. 20 Minuten garen. Dann auskühlen lassen. Die ausgekühlten Petersilienwurzeln längs halbieren und in einer Pfanne im heißen Öl rundherum braten. Mit Salz und einem Spritzer Zitronensaft abschmecken.

Anrichten
Die Petersilienwurzelhälften verteilen, darauf den blanchierten und frittierten Grünkohl mit Sauce geben und die Schweineschnäuzchen anlegen. Mit Sauce und etwas Fond beträufeln und servieren.

KUTTELN

Tripes à la mode de Caen, Tripas à moda do Porto, Trippa alla fiorentina, Callos a la Macrileña. Bei diesen Delikatessen, die unter anderem im Norden Frankreichs, in Portugal, im toskanischen Florenz und in Spanien auf den Menükarten exzellenter Restaurants auftauchen, handelt es sich um ausgesprochen schmackhaft zubereitete Innereien. Genauer: um Kutteln, auch Kaldaunen genannt. Das sind in Streifen geschnittene Pansen von Wiederkäuern, vor allem vom Rind. In Italien und Frankreich werden auch die drei anderen Kuhmägen zu Kutteln verarbeitet.

Sie sind je nach Land und Region in Ragouts, Eintöpfen oder Suppen zu finden. Speziell in Süddeutschland auch als Saure Kutteln. Leider haben wir über die Jahre festgestellt, dass sie nicht mehr häufig auf den Speisekarten zu finden sind. Das liegt vielleicht auch daran, dass ungereinigte, sogenannte „grüne" Kutteln reichlich streng riechen, nach Kuhstall ist dafür noch eine freundliche Umschreibung. Wenn sie allerdings von dem ihnen anhaftenden Talg befreit, gründlich gewässert und in Wasser vorgegart werden, sieht die Sache schon anders aus. Die so vorbereiteten Kutteln sind dann weiß. Und dann kann aus einer vermeintlich belanglosen, muffigen Innerei ein spannendes, echt aufregendes Erlebnis werden, mit dem wir unsere Gäste immer wieder überraschen.

Christoph war schon als Jungkoch angetan von „gröschtete" Kutteln, die es bei ihm zuhause auf der schwäbischen Alb und in einem traditionsreichen Gasthaus gab. Also fing er an, diverse Kombinationen auszuprobieren und siehe da – ein großes Portfolio entstand! So auch beispielsweise in Verbindung mit Goldforelle, einer leichten Rieslingsektsauce, deren feine Säure die Kutteln perfekt umspielt, und geröstetem Kohlrabi. Verfeinern lassen sich Kutteln übrigens auch gut mit Whiskey, und sie schmecken statt zu Fisch ebenso zu (selbst gemachter) Blutwurst. Wem die Vorbereitung der Kutteln zu aufwendig ist – es gibt auch vorgegarte beim Metzger zu kaufen.

Kutteln in Rieslingsektsauce, Kohlrabi & Goldforelle

Für 4 Personen

Kalbskutteln
(Standzeit ca. 3 Tage)

1 kg küchenfertige Kalbskutteln

Die Kutteln in einen großen Topf geben und mit kaltem Wasser bedecken. Die Kutteln darin 3 Tage gekühlt wässern und das Wasser jeden Tag auswechseln.
Anschließend in ungesalzenem Wasser ca. 2–3 Stunden kochen, abkühlen lassen und in dünne Streifen schneiden.

Tipp
Die Kutteln nach dem Abkühlen in Frischhaltefolie wickeln und einfrieren. Anschließend kurz antauen und mit einer Aufschnittmaschine in dünne Streifen schneiden.

Tomatenfond
Für ca. 600 ml
(Standzeit ca. 6 Stunden)

600 g Tomaten
200 g Kirschtomaten
300 g Dosentomaten (Pelati)
30 g Salz
20 g Zucker
40 ml Balsamico bianco

Die Tomaten waschen, klein schneiden und die Strünke entfernen. Dosentomaten grob zerkleinern, die Flüssigkeit aufbewahren. Alles mit den restlichen Zutaten in einem Standmixer fein pürieren und für ca. 6 Stunden ziehen lassen. Dann in einem Küchenhandtuch abtropfen lassen und den Fond auffangen.

Rieslingsektsauce

12,5 g Speisestärke
ca. 600 ml Tomatenfond
20 g Bergkäse
65 ml Sahne
65 ml Rieslingsekt
40 g Crème fraîche
15 g Butter
Salz, Pfeffer aus der Mühle

Speisestärke in etwas kaltem Tomatenfond anrühren. Den restlichen Tomatenfond aufkochen und mit der angerührten Speisestärke binden. Den Käse fein reiben. Sahne, Sekt und Crème fraîche unter ständigem Rühren in den Tomatenfond geben. Sauce aufkochen lassen, Käse und Butter unterheben und mit Salz und Pfeffer abschmecken.
Zum Anrichten die fein geschnittenen Kutteln in der Sauce sehr behutsam erwärmen, damit sie nicht anbrennen.

Kohlrabi

1 Kohlrabi
Salz
1 EL Sonnenblumenöl
30 g Butter
Zucker

Den Kohlrabi waschen und mit Schale in reichlich Salzwasser für ca. 10 Minuten köcheln lassen. Anschließend in Eiswasser abschrecken und auskühlen lassen. Kohlrabi schälen und in Würfel mit ca. 1 cm Kantenlänge schneiden. Öl in einer Pfanne erhitzen und die Kohlrabiwürfel darin von allen Seiten kräftig rösten. Butter zugeben, aufschäumen lassen, die Kohlrabi darin schwenken und mit Zucker abschmecken. Warm halten.

Goldforelle

2 Goldforellenfilets
Weizenmehl zum Bestäuben
2 EL Sonnenblumenöl
30 g Butter
Salz, Pfeffer aus der Mühle

Die Filets leicht mit Mehl bestäuben und in einer Pfanne im heißen Öl bei mittlerer Hitze zunächst auf der Hautseite braten. Mit Salz und Pfeffer würzen, die Butter zugeben, aufschäumen lassen und die Filets wenden. Nochmals würzen und kurz garziehen lassen. Zum Anrichten in Stücke portionieren.

Anrichten
2 Stängel Petersilie, in Streifen

Die Kutteln auf Teller verteilen, je ein Goldforellenfiletstück darauf platzieren und mit den Petersilienstreifen garniert servieren.

KARPFEN

Um diesen Süßwasserfisch entbrannten anfangs große Diskussionen in der Küche. Außer Christoph fand nämlich keiner im Team Karpfen besonders lecker. Insbesondere zu Weihnachten und Silvester kannten die meisten ihn als langweilig, neutral, verkocht und zudem voller Gräten.

Der Geschmack des Fisches selbst ist auch unter Gourmets umstritten; wir sahen uns also in guter Gesellschaft. Manche nennen ihn strohig oder schlicht fade. Allerdings: Es gibt andere wiederum, die können sich Festtage ohne Karpfen überhaupt nicht vorstellen, in Böhmen, Österreich oder Tschechien zum Beispiel. Dort wird er in der Regel lebend verkauft, erst zu Hause geschlachtet, meist paniert und in Fett ausgebacken (mit viel Zitrone) serviert. Andere schätzen dagegen sein „nussiges" Aroma, das am besten bei „Karpfen blau" zur Geltung kommt. Darauf stehen die Schleswig-Holsteiner, die ihn so typischerweise zu Silvester verspeisen. Oder eben Christoph.

Wie er letztlich schmeckt, ist zum einen stark abhängig, wie er gezüchtet und womit er gefüttert wird. Zum anderen entscheidet die Wasserqualität über den Geschmack. Kommt der Fisch direkt aus dem Ursprungsgewässer in den Topf, hat er oft einen schlammigen Beigeschmack. Enthält das Wasser zudem eine spezielle Art von Algen, ist er im Prinzip ungenießbar. Es ist also wirklich wichtig zu wissen, woher der Karpfen stammt! Und natürlich ist essentiell, wie er zubereitet wird.

Glücklicherweise hat Christoph sich gegen das Team durchgesetzt! Karpfen ist nämlich ein echter Überraschungsfisch, wie wir feststellen konnten. Mit süßlichen karamellisierten Birnen und säuerlichem Weißkohl sowie Majorankartoffelpüree hat er einen super Auftritt und verblüfft mit völlig neuen Aromen, weil das Zusammenspiel der Kontraste super funktioniert. Genauso gut ist das Ergebnis, wenn er mit Rieslingtrauben und Hagebutten aromatisiert wird, weil grundsätzlich das Spiel mit Süße, Schärfe und Säure diesem Fisch hervorragend bekommt. Inzwischen stehen wir nebenbei bemerkt auch auf die traditionelle Zubereitung, wenn er „blau" ist. Christoph hat's eben echt drauf! Und wenn man mit einem scharfen Messer vorher die Gräten gründlich entfernt, hat man noch mehr Freude daran.

Karpfen mit Majoranpüree & Weißkohlsalat

Für 4 Personen

Weißkohlsalat
(Standzeit ca. 3 Stunden)

200 g Weißkohl
½ TL Salz
½ TL Zucker
1 EL Rapsöl
½ TL Kümmelsamen, grob gestoßen
25 ml Branntweinessig

Weißkohl putzen, fein hobeln oder mit dem Messer in dünne Streifen schneiden. Mit den restlichen Zutaten vermengen und kräftig kneten. Kalt stellen und mindestens 3 Stunden ziehen lassen. Vor dem Servieren nochmals abschmecken.

Karpfen

1 küchenfertiger Karpfen (ca. 1,5 kg)
Weizenmehl zum Bestäuben
2 EL Sonnenblumenöl
1 unbehandelte Zitronenscheibe
25 g Butter
Salz

Den Karpfen filetieren. Die Filets mit Mehl bestäuben und in einer Pfanne im heißen Öl bei mittlerer Hitze auf der Hautseite knusprig anbraten, dabei mit einer kleinen Pfanne beschweren, damit der Fisch sich nicht wölbt. Die Zitronenscheibe und die Butter zugeben, ca. 1 Minute darin aufschäumen, wenden und salzen. Auf der Fleischseite kurz garziehen lassen.

Birnen

2 feste Birnen
2 EL Zucker
50 ml Weißwein
Salz

Birnen schälen, längs halbieren und das Kerngehäuse mit einem Kugelausstecher entfernen. Den Zucker in eine Pfanne geben und die Birnenhälften darin bei mittlerer Hitze leicht karamellisieren lassen. Mit Weißwein ablöschen, die Birnenhälften bissfest garen und mit 1 Prise Salz abschmecken.

Majoranpüree

2 Stängel Majoran
400 g Kartoffelpüree (s. S. 92)

Majoran waschen, trocken schütteln und die Blättchen abzupfen. Mit dem Kartoffelpüree gut vermischen und nochmals abschmecken.

Anrichten
reduzierter Geflügelfond (s. S. 229)

Den auf die gewünschte Konsistenz reduzierten Geflügelfond mit Majoranpüree auf Teller verteilen. Je ein Karpfenfiletstück darauf platzieren. Mit Weißkohlsalat belegen und mit je 1 Birnenhälfte garniert servieren.

EBERESCHENBEEREN

Es gibt ja so Vorurteile, die sich hartnäckig halten. Zum Beispiel, dass die leuchtend roten Apfelfrüchte der Eberesche giftig sind. Davon profitieren im Allgemeinen Vögel und viele Säugetiere, für die die „Vogelbeeren" einfach nur ein gefundenes Fressen sind. Die Blätter des Baums ähneln denen der Esche, woraus sich der Name aus dem Altdeutschen „Aber-Esche" (falsche Esche) entwickelt hat. Verwandt sind die Baumarten dennoch nicht.

Das Gerücht, dass Vogelbeeren den Menschen nicht zuträglich seien, muss entstanden sein, nachdem einer unserer Vorfahren davon zu viel direkt vom Baum genascht hat. Sie enthalten dann nämlich Parasorbinsäure, die im Übermaß genossen durchaus Magen-Darm-Reizungen hervorrufen kann. Erntet man die köstlichen Früchte nach dem ersten Frost, verlieren sie ihre gelegentliche Bitterkeit. Der gleiche Effekt lässt sich erzielen, wenn man sie einfriert (so wie wir das auch bei den Schlehen machen, siehe Seite 176) oder trocknet. Kreuzt man Ebereschen mit Weißdorn, Birne oder Aronia, werden die Beeren größer und süßer.

Aber ganz gleich, wie groß oder klein, wie süß oder herb sie schmecken, als Konfitüre, Kompott oder Gelee passen sie vorzüglich zu Wild und sind eine Alternative zu den üblicherweise servierten Preiselbeeren. Reicht man sie zu geschmorten Karotten, hebt ihre knackige Säure die Süße des Gemüses. Als Beize zubereitet passt diese gut zu Fisch. Getrocknet ergänzen die Beeren morgendliche Müeslis, im folgenden Rezept sind sie Bestandteil einer Füllung für unsere im Ganzen rosa gebratene Wildtaube. Die knusprigen Müesli-Haferkekse mit Ebereschenbeeren dazu sind eine Kindheitserinnerung von Jan. Während der Ferien mit seiner Familie in Norwegen gab es so ähnliche immer mit Himbeerkonfitüre …

Ebereschenbeeren & Wildtaube mit Müeslikeks und Feldsalat

Für 4 Personen

Gefüllte Wildtaube

200 g helles Brot vom Vortag
50 g Ebereschenbeeren
90 ml Milch
30 g Butter
1 Schalotte
2 EL Sonnenblumenöl
2 Eier
Salz, Pfeffer aus der Mühle
2 küchenfertige Ringeltauben

Den Backofen auf 170 °C Umluft vorheizen.

Das Brot in kleine Würfel schneiden. Beeren waschen, abtropfen lassen und ggf. entstielen. Milch und Butter erhitzen und über das Brot gießen. Schalotte schälen und in feine Würfel schneiden. In einer Pfanne in ½ EL heißem Öl anschwitzen und anschließend unter die Brotmasse geben. Alles zusammen mit den Eiern und den Beeren vermengen. Mit Salz und Pfeffer würzen. Die Tauben damit füllen und die Öffnung mit Rouladennadeln gut verschließen. Von allen Seiten im restlichen Öl anbraten, für ca. 5–8 Minuten im Backofen weitergaren; je nach Größe der Tauben und gewünschtem Gargrad noch 3–5 Minuten im Ofen lassen.

Müeslikeks

50 g Butter
40 g Haferflocken
20 g gehackte Walnusskerne
10 g Leinsamen
100 g Zucker
1 Ei
25 g Weizenmehl
1 TL Backpulver
30 g Ebereschenbeeren

Den Backofen auf 220 °C Umluft vorheizen.

Die Butter in einer Pfanne oder einem Topf schmelzen lassen. Haferflocken, Nüsse und Leinsamen darin rösten. Dann in einer Schüssel mit Zucker, Ei, Mehl, Backpulver und Ebereschenbeeren zu einer glatten Masse verrühren. Gleichmäßig auf ein mit Backpapier ausgelegtes Blech streichen und im Backofen ca. 6 Minuten backen. Auskühlen lassen und anschließend in die gewünschte Größe brechen. In einer Dose sind die Kekse mehrere Tage haltbar.

Feldsalat

120 g Feldsalat
Hausdressing (s. S. 228)

Den Feldsalat putzen, waschen und trocken schleudern. Kurz vor dem Anrichten mit dem Hausdressing marinieren.

Anrichten

Die Wildtauben tranchieren und die Fleischstücke auf Teller verteilen. Den Müeslikeks daneben platzieren. Feldsalat dazu anrichten und servieren.

WILDSCHWEINHERZ UND -LEBER

Selbst Menschen, die sonst nicht so auf Schweinefleisch stehen, werden bei Wildschwein schwach. Das Wildbret unterscheidet sich nämlich deutlich vom Fleisch der Hausschweine. Die Struktur ist fester, fettärmer und dennoch saftig. Am besten schmecken junge Tiere bis maximal zwei Jahre, ältere sind wesentlich zäher. Sie können aber dennoch zu äußert schmackhaften Würsten, Terrinen und Pasteten verarbeitet werden. Das Wildbret kann man inzwischen auf vielen Wochenmärkten kaufen, manchmal auch bei Metzgern oder direkt bei Jägern. Wichtig bei Wildschwein ist immer, dass eine Trichinenschau stattgefunden hat – ebenso wie es bei den Hausschweinen gang und gäbe ist! Wenn man es nicht gleich schaffen sollte, das Fleisch zu schmoren, zu braten oder zu verwursten, es lässt sich gut einfrieren. Allerdings empfiehlt sich, vorher das sichtbare Fett möglichst komplett abzu-trennen, damit es nicht ranzig wird. Eingefroren ist Wildschweinfleisch etwa sechs Monate haltbar.

Eher selten erhältlich sind Innereien wie Wildschweinherz und -leber. Wir haben jedoch das große Glück, dass unser Jäger Jörn Korte unser Restaurant auch damit versorgt. Verwertbar sind zudem Lunge, Nieren, Zunge und Milz. Bratwürste isst ja (fast) jeder. Aus Innereien, in diesem Fall aus Herz und Leber, welche zu machen, mag nicht neu sein, zeigt aber einmal mehr, was alles so möglich ist.

Wir bringen die Würste rosa gebraten mit Rosenkohl auf den Teller, ein Gemüse, auf das wir uns immer freuen, wenn der Winter naht. Die Bratwurstmasse mit Rosmarin zu kombinieren, scheint überraschend, aber die Idee war, die Komponenten Wildschwein und toskanischer Macchia zusam-menzufügen, wo der Rosmarin quasi wie Unkraut wuchert. Wir sind der Meinung, dass die prägnan-ten Töne ideal sind, um ganz leicht das weiche Innere der Bratwurst zu „umspielen".

Übrigens, mit Rosmarin aromatisierte Öle und Pestos, zum Beispiel um gebratene Pilze damit zu verfeinern, lassen sich ganz leicht selbst herstellen. Nur bitte nicht zu viel davon nehmen, sonst wird das Aroma „seifig".

Wildschweinbratwurst mit Herz & Leber

Für 4 Personen

Wildschweinbratwurst
Für ca. 15 Würste
(Standzeit ca. 1½ Stunden)

300 g mageres Wildschweinfleisch
300 g Wildschweinherz
400 g Wildschweinleber
250 g Wildschweinfett, z. B. Rückenfettdeckel
35 g Salz
3 grüne Pfefferkörner
1 Pimentkorn
1 Msp. gemahlener Zimt
2 Wacholderbeeren
4 Nelken
1 Lorbeerblatt
1 EL gehackte Petersilie
1 EL gehackter Thymian
1 EL gehackter Rosmarin
ca. 2,5 m Lammsaitlinge (Kaliber 20/22)

Fleisch, Herz, Leber und Fett für den Fleischwolf zurechtschneiden und Sehnen sowie Knorpel dabei entfernen. Alle Gewürze in einem Mörser zerkleinern. Das Fleisch mit der Gewürzmischung vermengen und ca. 1½ Stunden kalt stellen. Anschließend mit den Kräutern durch die feine Scheibe eines Fleischwolfs drehen. Die Lammsaitlinge in warmes Wasser legen, damit sie elastischer sind. Die Wurstmasse auf Bindung reiben, dazu mit der Hand ca. 15–20 Minuten kneten, bis sie fester bzw. klebriger wird. Mithilfe eines Wurstfüllers die Masse in die Saitlinge pressen und ca. 80 g schwere Würstchen abdrehen. 4 Bratwürste beiseitelegen. Die restlichen portionsweise vakuumieren und kalt stellen oder gefrieren. Zum Anrichten die fertigen Bratwürste langsam ohne Fettzugabe in einer Pfanne rosa braten.

Rosenkohl

300 g Rosenkohl
2 EL Sonnenblumenöl
Weißweinessig
Salz, Pfeffer aus der Mühle
Zucker

Den Rosenkohl waschen, Strünke entfernen und die einzelnen Blätter abzupfen. Das Öl in einer Pfanne erhitzen und die Rosenkohlblätter kurz, aber scharf anbraten; sie sollten noch knackig sein. Mit einem Schuss Essig ablöschen und mit Salz, Pfeffer und 1 kräftigen Prise Zucker würzen.

Anrichten
grobkörniger Senf
200 ml heiße Grundjus (s. S. 229)

Die Rosenkohlblätter auf Teller verteilen, je eine Bratwurst und einen Klecks Senf darauf anrichten und alles mit der Grundjus beträufelt servieren.

JUVENIL-SPANFERKEL

„Könnt ihr auch mal Spanferkel machen?", fragte ein Gast eines Abends. Was anfangs nach gar keinem großen Auftrag klang, gestaltete sich dann doch komplizierter als gedacht. Zunächst begann die Suche nach einem Züchter. Denn es ist ja nicht so, dass jedes kleinere Schwein, das auf einem Spieß über Feuer gegrillt wird, automatisch ein Spanferkel ist, wie die meisten vielleicht denken mögen. So darf sich allenfalls nennen, was maximal sechs Wochen alt ist und nur von der Muttersau gesäugt wurde (das Wort „Span" hat nämlich nichts mit der Späne zu tun, über der das Ferkel geröstet wird, sondern mit dem Altgermanischen „spen" für Zitze).

Aber so ein richtiges Milchferkel von einem gescheiten Züchter aufzutreiben, war schwierig. Was wir suchten, sollte etwa vier bis sechs Wochen alt sein und um die fünf Kilogramm wiegen. Ansonsten mag es ein Ferkel sein, aber eben kein Spanferkel. Zum Glück stießen wir auf einen Hof im Münsterland, der solche Tiere hält, schlachtet und verkauft.

Wer einmal Schweinefleisch von Jungtieren genießen durfte, die nur mit Muttermilch aufgezogen wurden, völlig ohne Medikamente, ohne weitere Zufütterung und ohne Stress, rührt kein anderes mehr an. Bei einem Milchferkel sind die Fleischstrukturen außergewöhnlich zart und saftig. Und egal, wie man es zubereitet, immer ein authentischer Leckerbissen, der auf der Zunge zergeht. Wir machen daraus Spanferkel, das im Ganzen auf den Tisch kommt. Um es knusprig zu braten, kommt es für zweieinhalb Stunden in den Ofen und wird regelmäßig mit einer Marinade aus Bier bestrichen, die mit Salz und Kümmel gewürzt ist. Appetitlich gebräunt servieren wir es mit einem Wirsingsalat und Hagebuttendressing.

Aber aus einem Spanferkel lässt sich natürlich auch noch mehr zubereiten. Beispielsweise Schweineschnauzensülze. Hierfür kochen wir das Fleisch und legen es mindestens für einen Tag in gelierter Brühe mit Gemüsewürfeln und Kräutern ein. Dazu gibt es selbst gemachte Remoulade mit Ei, Kapern, Cornichons und Schnittlauch, abgeschmeckt mit selbst angesetztem Apfelessig und natürlich: knusprig gebratene Kartoffeln.

Juvenil-Spanferkel & Wirsing-Hagebutten-Salat

Für bis zu 10 Personen

Spanferkel

2 l Helles vom Hofbräuhaus Traunstein
20 g Salz
60 g Kümmelsamen
1 küchenfertiges Spanferkel (ca. 5–6 kg)
etwas Speisestärke
Salz, Pfeffer aus der Mühle

Bier in einen Topf geben, aufkochen und auf 1 l reduzieren. Mit Salz und Kümmel würzen und weitere ca. 15 Minuten ziehen lassen.

Den Backofen auf 170 °C Umluft vorheizen.

Das Spanferkel auf ein Blech legen. Ohren und Nase mit Aluminiumfolie umwickeln, damit sie nicht zu dunkel werden. Mit der Biermarinade bestreichen und in den Backofen schieben. Alle 10 Minuten mit der Marinade bepinseln. Nach ca. 1 Stunde das Spanferkel bei einer reduzierten Temperatur von 140 °C noch 1 weitere Stunde garen, dabei die Marinade alle 20 Minuten auftragen. Anschließend die Temperatur auf 115 °C reduzieren und noch 30 Minuten weiterbacken (ohne Marinieren).

Das fertige Spanferkel aus dem Ofen nehmen, Flüssigkeit vom Blech in einen kleinen Topf umfüllen und mit der restlichen Biermarinade auffüllen. Aufkochen, mit etwas in kaltem Wasser angerührter Speisestärke binden und kräftig mit Salz und Pfeffer abschmecken.

Tipp

Statt die Biermarinade alle zehn Minuten aufzupinseln – es geht auch etwas fixer: die Marinade durch ein Sieb passieren und in eine Sprühflasche füllen.

Rote Essigzwiebeln

3 große rote Zwiebeln
300 ml Himbeeressig
Salz

Die Zwiebeln schälen und in 0,5 cm dicke Scheiben schneiden. In einem kleinen Topf mit dem Essig und etwas Salz einmal aufkochen und darin auskühlen lassen.

Wirsing-Hagebutten-Salat

1 Wirsing, in Blättern
Salz
Hagebuttendressing (s. S. 228)

Wirsing waschen, kurz in ausreichend Salzwasser bissfest blanchieren und in Eiswasser abschrecken. Dann abtropfen lassen, in Streifen schneiden und mit dem Hagebuttendressing marinieren.

Anrichten

Den marinierten Wirsingsalat mit den roten Essigzwiebelringen auf Teller verteilen. Das Spanferkel tranchieren und jeweils ein beliebiges Stück dazu servieren.

SANDDORNBEEREN

Das ist schon ein ganz besonderes Gewächs, das da über die Jahre seinen weiten Weg vor Asien bis hierher gefunden hat. Sanddorn gilt zudem wie Cranberry, Goji oder Acai als eines der „Superfoods". Um seine speziellen Vorzüge wusste übrigens schon unter anderem Hildegard von Bingen, Lenin wiederum soll in der ehemaligen Sowjetunion den Anbau wegen der vitaminreichen Inhaltsstoffe gefordert haben.

Die robuste Pflanze wächst in großen Höhen, gedeiht ebenso gut auf wenig fruchtbarem Boden und trägt unter anderem dazu bei, Landschaften zu renaturieren. Heute ist China der größte Produzent von Sanddorn. Wir müssen aber glücklicherweise überhaupt nicht in die Ferne streifen, um die Gute aufzustöbern. In Brandenburg gibt es bei Werder sogar eine Plantage, diese Felder sind ein Erbe aus DDR-Zeiten, auf der allerdings inzwischen Bio-Sanddorn-Produkte hergestellt werden.

Wir sind auf einem unserer Sammeltrips auf wild wachsende Exemplare dieses Strauchs mit seinen leuchtend orangefarbenen Beeren gestoßen. Jan kannte es von der Ostsee und wusste sofort, welchen Schatz wir da gefunden hatten. Wenn man ein bisschen mit offenen Augen durch die Gegend streift, findet man Sanddorn nahezu überall in Berlin und rundum. Als Städter nimmt man sie häufig nur einfach nicht wahr.

Man kann alles Mögliche daraus zubereiten, natürlich auch Likör oder Aufstriche. Sein volles Aroma entfaltet er, wenn man unraffinierten Rohrzucker oder Rübensirup zugibt. Er passt unglaublich gut in Saucen zu Wild oder in Chutneys zu Käse. Ganz klar, mit seinem fruchtig-säuerlichen Aroma ist er natürlich perfekt für ein Dessert.

Wir bereiten daraus eine Art Kuchen aus Mürbeteig mit einer sehr feinen Sanddorncreme, serviert mit einem Ragout aus den Früchten. Die verschiedenen Texturen – knusprig, schmelzend, beerig – ergeben den krönenden Abschluss eines winterlichen Menüs.

Sanddornbeeren geschnitten & gerührt

Für 4 Personen

Mürbeteig

(Standzeit ca. 30 Minuten)

1 Ei
50 g Puderzucker
80 g Butter
200 g Weizenmehl
Backerbsen
Butter zum Einfetten
Weizenmehl zum Bearbeiten

Alle Zutaten, bis auf die Backerbsen, zu einem glatten Teig verkneten und ca. 30 Minuten kalt stellen. Backofen auf 170 °C Umluft vorheizen. Eine Tarteform mit Butter einfetten.

Den Teig auf einer leicht bemehlten Arbeitsfläche passend für die Form ausrollen und gleichmäßig darin verteilen. Den Teig mit einem Backpapierbogen bedecken und die Backerbsen darauf verteilen. Im Backofen ca. 10 Minuten blindbacken. Anschließend auskühlen lassen und die Backerbsen wieder entfernen.

Sanddorn-Eimasse

200 ml Sanddornsaft (s. S. 176)
5 Eier
200 g Zucker
200 g Crème fraîche

Backofen auf 110 °C Umluft vorheizen.

Alle Zutaten in einem Standmixer vermengen und auf den gebackenen Mürbeteig geben. Im Backofen ca. 30–40 Minuten stocken lassen. Herausnehmen und auskühlen lassen.

Sanddornragout

Für 2 Gläser à 200 ml Inhalt

3 Blatt Gelatine
300 g Sanddornbeeren
150 g Zucker
5 g Apfelpektin
3 Blatt Gelatine

Die Gelatine in kaltem Wasser einweichen. Sanddornbeeren waschen und mit Zucker und Pektin in einem Topf aufkochen. Ausgedrückte Gelatine in der heißen Masse auflösen, vom Herd nehmen und das Sanddornragout randvoll in die sterilen Gläser füllen und verschließen. Kühl gestellt hält es sich ca. 6 Monate.

Anrichten

brauner Zucker
einige Spitzen Karottengrün
einige Estragonkeksbrösel (s. S. 58)

Nach dem Auskühlen die Sanddornschnitten in die gewünschte Größe schneiden, mit etwas braunem Zucker bestreuen und mit einem Bunsenbrenner karamellisieren. Mit Karottengrün und Keksbröseln garnieren und zusammen mit dem Ragout servieren.

SAUERTEIG

Ohne ihn wäre ein Roggenteig nicht backfähig. Sauerteig lockert, verbessert Bekömmlichkeit, Aroma und Haltbarkeit. Er besteht aus Milchsäurebakterien und Hefepilzen, die der Mensch seit Urzeiten für die Herstellung von Getreidefladen und Brot benutzt. Gäbe es seine Säure nicht, bliebe ein Brot aus Roggenmehl flach. Gerade Vollkornprodukte erhalten durch Sauerteig ein besonderes „Mundgefühl".

Einen Sauerteig selbst anzusetzen, braucht zwar etwas Zeit und Geduld, ist aber nicht sonderlich schwierig, wie man auf Seite 231 sehen kann. Nach sechs Tagen ist der Sauerteigansatz fertig, man nimmt das, was man für ein Brot benötigt und füllt den Ansatz einfach wieder mit Mehl und Wasser auf. Im Kühlschrank aufbewahrt ist er so immer greifbar. Übrigens: Je älter der Sauerteigansatz ist, desto besser treibt er und desto lockerer wird das Brot.

In unserem Restaurant backen wir unser Brot ebenfalls damit, meistens aus einem Gemisch aus Roggen- und Weizenmehl. Auf Seite 231 finden Sie auch die Backanleitung. Sie ist ganz unkompliziert, und für uns gibt es nichts Schöneres als frisch gebackenes, herrlich duftendes und knuspriges Brot.

Gelegentlich bleibt noch etwas übrig, und so kamen wir eines Tages auf die Idee, aus den Resten vom Vortag mal etwas anderes zu entwickeln und ungewöhnlich zu kombinieren. Wir machen daraus ein Eis! Es riecht ein wenig nach Sauerteig und erinnert vom Aroma an intensiv süßes Brot. Dazu passen ein lockerer, weicher Baba au rhum sowie knusprige, süße Sauerteigbrösel – auch hier ein Spiel mit Kontrasten von Textur und Aroma. Eine ebenfalls alles andere als alltäglich daherkommende Kreation ist, das Eis mit säuerlichem Obst und Beeren wie Sanddorn oder Berberitzen zu servieren. Einfach mal ausprobieren!

Sauerteigeis & Baba au rhum

Für 4 Personen

Sauerteigeis
Für ca. 400 ml
(Standzeit ca. 2 Stunden)

1 Vanilleschote
130 ml Milch
130 ml Sahne
80 g Sauerteigbrot (s. S. 231)
3 Eigelb
50 g Zucker
1 Prise Salz

Die Vanilleschote auskratzen und das Mark mit der Milch und der Sahne aufkochen. Das Brot in feine Würfel schneiden und in der lauwarmen Sahne-Milch einweichen lassen. Eigelbe und Zucker in einem Wasserbad schaumig schlagen. Anschließend die Brotmasse mit ein Stabmixer fein pürieren und mit der aufgeschlagenen Eimasse mischen. Salz zugeben und ca. 2 Stunden in der Eismaschine gefrieren. Alternativ in einen Pacojetbecher geben, verschließen und über Nacht gefrieren. Kurz vor dem Anrichten einmal pacossieren.

Baba au rhum
Für 12 Stück
(Standzeit ca. 80 Minuten)

100 g Rosinen
300 ml Rum
200 g Weizenmehl
50 g Roggenmehl
½ Würfel Hefe
25 g Zucker
1 Prise Salz
4 Eier
100 g Butter
Mark von 1 Vanilleschote
2 EL Wasser
Weizenmehl zum Bearbeiten
Butter für die Formen
300 g Zucker für den Sirup

Rosinen mit dem Rum aufkochen und vom Herd nehmen.

Die restlichen Zutaten in die Rührschüssel einer Küchenmaschine geben und zu einem geschmeidigen Hefeteig kneten. Die Rosinen absieben, den Rum auffangen und beiseitestellen. Die Rosinen mit dem Hefeteig verkneten. Schüssel abdecken und den Teig an einem warmen Ort ca. 1 Stunde gehen lassen.

Den Teig auf einer leicht bemehlten Arbeitsfläche nochmals ausrollen und in 12 Portionen teilen. Diese in kleine, gefettete Muffinformen oder in Papierförmchen aufteilen und weitere 20 Minuten ruhen lassen.

Den Backofen auf 160 °C Umluft vorheizen. Die Babas ca. 15 Minuten backen. Herausnehmen, abkühlen lassen und aus der Form stürzen.

Für den Sirup den aufgefangen Rum mit dem Zucker zu einem Sirup kochen und über die Babas gießen, damit sie sich vollsaugen können. 4 Baba au rhum für das Rezept beiseitestellen und die anderen kurzfristig essen oder einfrieren.

Sauerteigbrösel

30 g Sauerteigbrot vom Vortag (s. S. 231)
100 g Weizenmehl
1 Ei
30 g Zucker
1 Prise Salz

Den Backofen auf 160 °C Umluft vorheizen.
Das Sauerteigbrot in einem Standmixer fein zerbröseln und mit den restlichen Zutaten vermischen. Grob zerbröselt auf einem mit Backpapier belegten Blech ca. 8–10 Minuten im Ofen knusprig backen. Herausnehmen und auskühlen lassen.

Anrichten
Rum zum Flambieren

Je eine Nocke Sauerteigeis anrichten. Dazu einen Baba au rhum platzieren, nach Belieben mit Rum flambieren und mit den Sauerteigbröseln umstreut servieren.

GRUNDREZEPTE

Hausdressing
Für ca. 1½ Liter

375 ml Gemüsebrühe (s. S. 18)
250 ml Weißweinessig
125 g Zucker
45 g grober Senf
40 g Salz
750 ml Rapsöl

Alle Zutaten, bis auf das Öl, zunächst gut miteinander verrühren. Anschließend mit einem Stabmixer das Öl nach und nach einmixen. In eine Flasche abgefüllt hält sich das Salatdressing im Kühlschrank etwa eine Woche.

Walnussvinaigrette
Für ca. 1½ Liter

100 g Walnusskerne
5 Schalotten
2 EL Sonnenblumenöl
375 ml Gemüsebrühe (s. S. 18)
250 ml Weißweinessig
45 g grober Senf
125 g Zucker
40 g Salz
600 ml Rapsöl
150 ml Walnussöl

Die Walnüsse hacken und ohne Fett in einer Pfanne – nicht zu dunkel – rösten. Die Schalotten schälen, fein würfeln und in der heißen Pfanne im Öl anschwitzen. Mit der Brühe, dem Essig, Senf, Zucker und Salz gut vermengen. Das Raps- und Walnussöl langsam mit einem Stabmixer einmixen. Zum Schluss die Walnüsse zum Dressing geben. In eine Flasche abgefüllt hält sich die Vinaigrette im Kühlschrank etwa eine Woche

Rapsöldressing
Für ca. 500 ml

½ TL Salz
250 ml Balsamico bianco
125 g Zucker
20 g Speisestärke
175 ml Rapsöl

Salz, Essig und Zucker in einem Topf aufkochen. Mit in kaltem Wasser angerührter Speisestärke binden und anschließend mit einem Stabmixer das Öl langsam einmixen. In ein verschließbares Glas abgefüllt hält sich das Salatdressing im Kühlschrank etwa eine Woche.

Hagebuttendressing
Für ca. 500 ml

250 g rote oder schwarze Hagebutten
250 ml Apfelsaft (s. S. 68)
250 ml Balsamico bianco
125 g Zucker
½ TL Salz
20 g Speisestärke
175 ml Rapsöl

Zunächst das Hagebuttenmark herstellen. Dafür die Hagebutten waschen, abtropfen lassen und mit dem Apfelsaft aufkochen. So lange köcheln lassen, bis die Hagebutten weich sind. Durch ein Sieb streichen und noch heiß in ein kleines steriles Gläschen füllen. Das Hagebuttenmark hält sich kühl gestellt ca. 2 Monate.

Für das Dressing Essig, Zucker und Salz in einem Topf aufkochen. Mit in kaltem Wasser angerührter Speisestärke binden und anschließend mit einem Stabmixer zunächst das Öl langsam einmixen und dann 4 EL Hagebuttenmark einrühren. In ein verschließbares Glas abgefüllt hält sich das Salatdressing im Kühlschrank etwa eine Woche.

Geflügelfond

Für ca. 3 Liter

2 kg Geflügelkarkassen
3,5 l Wasser
½ Bund Petersilie
2 Zweige Thymian
2 Stangen Lauch
1 Knollensellerie
5 Zwiebeln
1 Knoblauchzehe
2 Wacholderbeeren
3 Lorbeerblätter
5 grüne Pfefferkörner
Salz

Den Backofen auf 180 °C Umluft vorheizen. Die Karkassen auf einem Blech ca. 30 Minuten im Backofen rösten. Kräuter waschen und trocken schütteln. Lauch putzen, gründlich waschen und grob klein schneiden. Sellerie, Zwiebeln und Knoblauch schälen, ebenfalls alles grob klein schneiden. Geröstete Karkassen in einen großen Topf geben, mit 3,5 l Wasser bedecken und aufkochen. Zwischendurch den Schaum abschöpfen und einmal aufkochen lassen.

Die Temperatur auf ca. 90 °C reduzieren, das Gemüse zugeben und weiter simmern lassen. Nach ca. 1 Stunde Kräuter und Gewürze zugeben und weitere 30 Minuten ziehen lassen. Durch ein Sieb und danach durch ein Passiertuch abseihen. Mit Salz kräftig abschmecken. Dann abfüllen und kalt stellen oder portionsweise einfrieren.

Grundjus

Für ca. 300 ml

½ Knollensellerie
3 Karotten
8 Zwiebeln
2 Knoblauchzehen
2 kg Kalbsknochen
1,5 l Rotwein
50 g Tomatenmark
4 l Gemüsebrühe (s. S. 13) oder Wasser
½ Bund Petersilie
5 Zweige Thymian
5 Zweige Rosmarin
5 Lorbeerblätter
3 Nelken
10 Pfefferkörner
20 Senfkörner
evtl. Speisestärke

Sellerie, Karotten, Zwiebeln und Knoblauch schälen, alles grob klein schneiden. Die Knochen in einem Bräter von allen Seiten unter ständigem Rühren anrösten. Gemüse zugeben und mitrösten. Wenn alles goldbraun ist, mit 500 ml Rotwein ablöschen und das Tomatenmark einrühren. Sobald die Flüssigkeit verkocht ist, wieder mit 500 ml Rotwein auffüllen. So weiterverfahren, bis der gesamte Rotwein aufgenommen ist. Mit Brühe oder Wasser aufgießen. Aufkochen und den Schaum abschöpfen. Bei geringer Hitze ca. 3 Stunden köcheln lassen. In der Zwischenzeit die Kräuter waschen, trocken schütteln und grob zerteilen.

Die Gewürze grob zerstoßen und mit den Kräutern in einen verschließbaren Beutel, z. B. Teefilter, geben. In den Topf geben und alles weitere 30 Minuten köcheln lassen. Durch ein Sieb und anschließend nochmals durch ein Passiertuch abseihen. Sud in einen Topf geben und auf 300 ml reduzieren. Eventuell mit etwas angerührter Speisestärke binden. Dann abfüllen und kalt stellen oder portionsweise einfrieren.

Tipp

Die Knochen nochmals mit 4 l Wasser aufkochen und passieren. Diesen Fond anstelle von Wasser für die nächste Grundjus verwenden.

GRUNDREZEPTE

Kräuterlikör
(Standzeit ca. 8–16 Wochen)

Aus verschiedenen Kräutern, Wurzeln, Beeren und Gewürzen lässt sich wunderbar ein Kräuterlikör ansetzen. Das Grundrezept für jede Art von Likör ist Alkohol – wir nehmen dafür Korn –, Kandis sowie der jeweilige Geschmacksträger. Je vielschichtiger der Likör werden soll, umso mehr Aromaten sollte man kombinieren. Wir haben für jede einzelne Zutat jeweils ein Einmachglas mit 500 ml Fassungsvermögen genommen. Ca. 30 g Gewürze oder 130 g Kräuter oder Wurzeln und je nach gewünschter Süße ca. 15 g Kandis jeweils in ein Einmachglas geben. Mit Korn auffüllen, sodass alles gut bedeckt ist, und gut verschließen. Die Gläser mindestens vier Wochen an einen hellen Ort stellen und ziehen lassen. Anschließend Kräuter und Gewürze abseihen und die Flüssigkeit wieder ins jeweilige Einmachglas geben. Weitere drei Wochen kühl und dunkel lagern.

Dann geht es ans Verkosten. Probieren Sie alle Ansätze, und führen Sie dann den Likör nach Ihrem Geschmack zusammen. Soll er beispielsweise würziger sein, nehmen Sie mehr dieser Elemente, soll es eher die fruchtige Richtung sein, mehr Beeren. So lässt sich ein ganz eigener Geschmack entwickeln. Nachsüßen kann man ganz einfach mit Kandis. Nach dem Verschnitt den fertigen Likör in Flaschen füllen und kühl lagern. Oder aber in ein kleines Holzfass geben und den Likör dort einige Wochen reifen lassen, dann bekommt er einen runden Geschmack.

Tipp
Schreiben Sie sich die Anteile der Zutaten auf, damit Sie bei Gelegenheit wieder darauf zurückgreifen können.

Würze geben: Fenchelsamen, Giersch, Koriandersamen, Kümmel, Salbeiblätter, Thymian, Wacholderbeeren

Bitternoten geben: Löwenzahn (die Wurzel bringt eine leicht herbe Note in den Likör), Wermut, grüne Walnüsse (diese müssen aber zuvor mindestens 8 Monate eingelegt werden)

Frucht und Aromatik geben: Hagebutten (rote und schwarze), Beeren (z. B. Johannisbeere, Brombeere, Maulbeere), Melisseblätter, Verveine, Kamille mit der Wurzel

Sauerteigansatz

(Standzeit ca. 6 Tage)

400 g Roggenmehl
350 ml Wasser

Zunächst 100 g Roggenmehl
mit 100 ml lauwarmem Wasser
verrühren, abgedeckt bei Zimmertemperatur stehen lassen.
Nach 24 Stunden weitere 100 g
Roggenmehl sowie 100 ml lauwarmes Wasser unterrühren.
Weitere 48 Stunden abgedeckt
bei Zimmertemperatur stehen
lassen. Anschließend 200 g
Roggenmehl und 150 ml lauwarmes Wasser unterrühren. Nochmals 72 Stunden abgedeckt bei
Zimmertemperatur stehen lassen. Danach sollte der Sauerteig Blasen werfen und leicht
säuerlich duften. Jetzt ist er
fertig zur Benutzung.

Tipp
Wenn man die entsprechende
Menge zum Brotbacken ent-
nommen hat, kann man den
Sauerteig wie oben beschrie-
ben wieder auffüllen. Im Kühl-
schrank verlangsamt sich der
Gärprozess, und der Sauerteig
„überlebt" mindestens eine
Woche.

Sauerteigbrot

Für 1 Brot
(Standzeit 2–4 Stunden)

250 g Sauerteigansatz
100 g Roggenmehl
150 g Weizenmehl
100–150 ml Wasser
15 g Salz
15 g Zucker

Sauerteigansatz mit Mehl, lauwarmem Wasser, Salz und Zucker in einer Schüssel so lange
kneten, bis sich der Teig vom
Boden löst. Zu einem großen
Laib formen und auf ein Backblech mit Backpapier legen.
Etwa 2–4 Stunden gehen lassen. Je besser, also älter der
Sauerteig ist, desto schneller
treibt der Brotteig.

Den Backofen auf 220 °C Umluft
vorheizen. Eine Schale mit
heißem Wasser auf den Ofen-
boden stellen.

Im Backofen ca. 15 Minuten backen, dann die Temperatur auf
180 °C reduzieren und weitere
30 Minuten backen. Um zu
schauen, ob das Brot gut ist,
auf den Boden klopfen. Klingt
es hohl, ist das Brot fertig.

Tipp
Wer mag, kann noch Walnüsse,
Kürbiskerne oder Haselnüsse in
den Teig kneten.

WER IST WER BEI H&N

Michael Köhle, Gastgeber & Inhaber

Wer die Idee zuerst hatte, ein eigenes Restaurant zu eröffnen? Das weiß ich nicht mehr. Vermutlich aber kam Christoph und mir der Gedanke mehr oder weniger gleichzeitig. Wir kennen uns schon mehrere Jahre, kommen einfach gut miteinander klar. Also dachten wir uns, unsere Freundschaft ist so belastungsfähig, dass sie auch eine Geschäftsbeziehung aushält. Abgesehen davon, dass unser beider beruflicher Hintergrund – Wein und Essen – sich super ergänzt.

Viktoria „Vicky" Kniely, Gastgeberin

Wenn mich jemand „Viktoria" ruft, bekomme ich automatisch ein schlechtes Gewissen … Als die Jungs (so nenne ich die bestimmt noch in zwanzig Jahren!) mich fragten, ob ich mit ihnen arbeiten wollte, habe ich ziemlich spontan zugesagt. Dass ich nicht nur im Service zu tun haben würde, sondern auch auf dem Acker, konnte ich zu dem Zeitpunkt nicht ahnen. Ich mache jedoch das eine wie das andere mit Begeisterung. Vermutlich tobt sich das Landleben der Steiermark in meinen Genen aus, wenn ich in Rudow unsere Pflänzchen hege und pflege. Aber vom Berliner Stadtleben bin ich mindestens ebenso überzeugt.

Christoph Hauser, Küchenchef & Inhaber

Klar, bei mir frotzeln manchmal die Leute, ich sei deshalb so bewusst im Umgang mit Lebensmitteln, weil ich im Schwäbischen groß geworden bin. Das kann ich gut aushalten. Tatsächlich hat mich die Art meiner Heimatküche bis zu einem gewissen Maße geprägt, aber natürlich auch die Zeit, in der ich in anderen Restaurants gearbeitet habe. Etwas Essbares zu verschwenden, geht einfach für mich nicht. Mit Michael zusammen habe ich lange am h&n-Konzept getüftelt. Und dann ging es ratzfatz, als wir entdeckten, dass wir dieses Restaurant übernehmen konnten. Dass wir in Kreuzberg gelandet sind, ist also Zufall, aber für uns super.

Jan Körner, Küchenchef

Pappsüße Desserts? Gehen gar nicht, finde ich. Eigentlich bin ich auch kein Fan von Schokolade, aber Kombinationen, die mit Kontrasten spielen, sind da was anderes, etwa Himbeeren mit Schoko und Kresse. Und im Übrigen, warum sollte man Zutaten kaufen, wenn tolle Sachen mehr oder weniger vor der Haustür wachsen? Waldmeister ist beispielsweise so etwas. Den gibt es im Frühjahr selbst hier in der Nähe im Viktoriapark in rauen Mengen, innerhalb von zehn Minuten hatte ich einen ganzen Korb voll. Daraus machen wir Sirup und verwenden ihn für neue Kreationen. (Berliner Weiße geht natürlich auch!)

Marshall Balondo, Mann für alle Fälle

Christoph und ich kennen uns schon fünf Jahre. Wir sind ein echt eingespieltes Team! Warum ich mich hier so wohl fühle? Kein Tag ist wie der andere, Vicky, Michael, Christoph und Jan fällt ständig etwas Neues ein. Und selbst wenn es in der Küche heiß her geht, die Stimmung ist bei uns gut. Nebenbei bemerkt, ich darf jetzt J. F. Kennedy zitieren, denn seit meiner Einbürgerung im April 2015 ist es offiziell: Ick bin ein Berliner!

WAS WIR GERN NOCH SAGEN MÖCHTEN:

Danke an unser super Team! Ohne Vicky, Jan und Marshall könnten wir das herz&niere nicht stemmen. Ein großes Dankeschön an Christofer Radic und seine Frau Monika sowie all unseren tollen Gästen und Freunden. Eberso an Christine und Michael für die wunderschönen Glasteller, die ihr bei „CMK Design Berlin" so unglaublich kreativ entwerft, sowie an Maren und Jürgen Fendt für die Trauben; euer Wein hat heftig zur mentalen Unterstützung beigetragen! Unser Dank gilt auch Jörg und Patrick von „Fleischwolf und Lotte" aus der Nachbarschaft in der Körtestraße. Ganz genauso wie Frau Lindenbaum von „Gesings Gaumenschmeichler", der „Deutsche See", besonders Jeanette Beelitz, und natürlich Jörn Korte, unserem Jäger. Last but not least: Dank an Bauer Werner Mette, der uns nicht nur mit seinen Kartoffeln und Gemüse versorgt, sondern von dem wir ein Stück Acker gepachtet haben und uns cort selbst austoben dürfen.

Christoph

Ohne meine Familie, die mich jahrelang unterstützt hat und mir immer den richtigen Weg zeigt, wäre ich nicht das, was ich heute bin. Und ich könnte nicht das, was ich heute kann, ohne die Familie Albus, bei der ich meine Ausbildung machen durfte, oder ohne Oliver Heberlein, Marco Müller und Christoph Rainer. Danke für eure Inspirationen und die kulinarischen Höhepunkte! Nicht zuletzt danke ich meinem langjährigen Wegbegleiter Tay.

Michael

Es gibt sicherlich reichlich Menschen, denen ich sehr viel verdanke, die mich geprägt und beeinflusst haben. Alle kann ich nicht benennen, aber erwähnen möchte ich natürlich vor allem meinen Mann Daniel und unser Köterchen, deren Geduld mit mir unermesslich ist. Nicht minder wichtig: Meine Eltern, die maßgeblich dazu beigetragen haben, dass aus mir etwas geworden ist. Ich danke meinen Brüdern und besonders meinen Großeltern. Opa, weißt du eigentlich, dass du es warst, der mich gastronomisch am meisten geprägt hat?

REZEPTREGISTER

herz&niere

IMPRESSUM

Herausgeber Ralf Frenzel
© 2015 Tre Torri Verlag GmbH, Wiesbaden
www.tretorri.de

Idee, Konzeption und Umsetzung
Tre Torri Verlag GmbH, Wiesbaden
www.tretorri.de

Art Direction K3 Finanzkommunikation GmbH, Königstein i. Ts.
Text Susanne Grendel, Büttelborn
Fotos Manuel Krug, Berlin
Reproduktion Lorenz & Zeller, Inning am Ammersee

ISBN 978-3-944628-81-3

Printed in Germany

Gedruckt wurde auf FSC®-zertifizierten 150 g/qm Bilderdruckpapier.

HAFTUNGSAUSSCHLUSS

Die Inhalte dieses Buchs wurden von Herausgeber und Verlag sorgfältig erwogen und geprüft. Dennoch kann eine Garantie nicht übernommen werden. Die Haftung des Herausgebers bzw. des Verlags für Personen-, Sach-, und Vermögensschäden ist ausgeschlossen.